KB179025

비트겐슈타인이 들려주는

언어 이야기

비트겐슈타인이 들려주는

언어 이야기

ⓒ 박해용, 2006

초판 1쇄 발행일 2006년 8월 30일
초판 13쇄 발행일 2021년 4월 28일

지은이   박해용
펴낸이   정은영
펴낸곳   (주)자음과모음

출판등록   2001년 11월 28일 제2001-000259호
주소   04047 서울시 마포구 양화로6길 49
전화   편집부 (02)324-2347 경영지원부 (02)325-6047
팩스   편집부 (02)324-2348 경영지원부 (02)2648-1311
e-mail   jamoteen@jamobook.com

ISBN 978-89-544-1955-0 (64100)

• 잘못된 책은 교환해드립니다.

비트겐슈타인이 들려주는

언어 이야기

박해용 지음

|주|자음과모음

책머리에

　이 책은 해신, 해류, 해이 그리고 해라의 요란스러운 성장 생활을 다룬 사중주곡이 아닙니다. 초등학교 6학년인 열세 살 해이의 말과 사물에 대한 깨달음을 통해서 언어에 관한 새로운 생각을 열어 주는 철학 이야기입니다. 그중에서도 언어철학의 대부 비트겐슈타인의 언어에 관한 이야기입니다.

　언어철학은 비트겐슈타인을 빼놓고 이야기할 수 없을 정도로 비트겐슈타인은 언어철학에 있어 매우 중요한 철학자입니다. 하지만 그의 사상은 너무 어려운 나머지 철학을 전공하는 사람들 사이에서도 서로 다른 의견을 정당화시키면서 다툴 정도입니다.

　이 책에서는 비트겐슈타인의 언어에 관한 기본 생각을 해이 가족의 일상생활에서 빚어지는 갈등을 통해 구성해 놓았습니다. 이야기를 구성하면서 특히 마음을 썼던 것은 비트겐슈타인의 언어철학 내용을 직접 드러내지 않고 재미있는 이야기 속에 면면히 흐르도록 했다는 것입니다.

또한 이야기를 읽는 동안 비트겐슈타인의 언어철학의 기본을 스스로 이해하고 깨우치도록 하였습니다.

비트겐슈타인의 언어철학은 크게 두 가지로 나누어집니다. 하나는 그의 초기 사상으로 언어의 세계와 사실의 세계가 일치한다는 생각입니다. 사실의 세계라 함은 이 세상을 구성하고 있는 모든 것을 뜻합니다.

언어는 이 세상을 다루는 하나의 도구와도 같습니다. 마치 그림을 그리듯이 언어는 세계를 그립니다. 이것을 '언어의 모사설' 혹은 '그림 이론'이라 합니다. 또 하나는 후기 사상으로 언어의 뜻은 바로 그 언어가 씌어지는 문맥 안에서 이해될 수 있다는 것입니다. 언어의 뜻은 그 사용에 따라 좌우되기 때문에 어떤 문맥에서 사용하는가가 중요합니다. 즉 언어의 의미는 그 쓰임에 있다는 것이죠.

이 책은 비트겐슈타인의 언어 이론의 기본을 통해서 수많은 언어 속에서 빚어지는 난제를 해결하는 데 도움을 주는 유익한 책입니다. 우리는 언어를 떠나서 살 수 없고 언어를 잘 활용하는 사람은 그 어떤 일보다도 자신의 생활을 원하는 방향으로 이끌어 갈 수 있습니다.

우리는 간혹 어떤 생각들이 머릿속에서 정리가 되지 않을 때가 있습니다. 이때 언어를 통해서 하나하나씩 문제를 해결해 나간다면 혼란을 막을 수 있습니다. 왜냐하면 생각의 혼란은 언어의 혼란에서 오는 것이니까요. 이제부터는 이런 현상들이 생길 때 아는 것에 대해서는 분명히 말할 수 있고, 알 수 없는 것에 대해서는 말하기 전에 더욱 깊이 생각하는 비트겐슈타인의 생각을 따라가 보는 것은 어떨까요?

끝으로 이 책이 완성되도록 많은 도움을 준 (주)자음과모음 관계자 여러분께 감사의 말을 전합니다. 아무쪼록 호기심 많은 어린이들에게 이 책이 조금이나마 분명하고 확실한 언어 사용을 하는 데 도움이 됐으면 합니다.

박해용

《비트겐슈타인이 들려주는 언어 이야기》는 언어철학 이야기를 흥미로운 이야기 형식으로 전합니다. 여기서 다루는 철학의 주제는 비트겐슈타인의 언어철학, 즉 언어에 관한 철학 내용입니다. 비트겐슈타인의 언어철학은 현대 철학을 이끌고 있는 가장 중요한 철학으로서 언어철학을 알지 못하면 현대 철학을 연구할 수 없을 정도라 합니다. 그런데 이 철학 이론은 너무 어려워서 지금까지는 어린이들이 이해할 수 있는 책으로 나오지 않았습니다. 그래서 이 책의 시도 자체가 매우 새롭다고 할 수 있습니다.

이 책은 단지 어린이에게만 적합한 언어철학 내용을 소개하는 것이 아니라 누구나 공감하며 배울 수 있는 언어철학 내용을 담고 있습니다. 또한 흥미로움까지 가미하고 있어 한번 손에 쥐면 놓지 못하게 만들어 어린이들이 매우 재미있게 읽을 수 있습니다.

어린이 교육에 도움이 되는 책들이 많음에도 불구하고 우리 아이들이 읽지 않는다면 혹은 싫은데 억지로 읽게 한다면 별로 큰 성과는 없을 것입니다. 이런 점에서 이 책은 어린이들에게 언어에 관한 내용을 흥미진진하게 구성하고 있는 더없이 귀한 책이라고 생각됩니다.

새로운 지식과 더불어 올바른 언어 사용법을 배워야 하는 어린이들에게 이 책은 비트겐슈타인의 언어 이론에 관한 기본 틀을 이해함으로써 언어 사용에서 올 수 있는 혼란을 극복할 수 있습니다. 뿐만 아니라 정확한 언어를 구사하는 능력을 갖추어서 '논술의 시대'에 살면서 제 능력을 충분히 발휘할 수 있게 되기를 바라는 마음으로, 이 책을 적극 추천합니다.

시인 · 한국문인협회 회원
경기도 안양초등학교 교장 강성상

비트겐슈타인은 철학은 말할 수 있는 것을 명확히 표현하기 위해서 말할 수 없는 것을 알린다고 했습니다.

이 책은 쉽게 말할 수 없는 비트겐슈타인의 언어철학을 실타래를 풀듯이 아주 자연스럽게 전개해 나가고 있습니다. 비트겐슈타인 자신이 언어 놀이로서 생활의 문제를 풀어 갔듯이, 이 책의 언어 이야기도 비트겐슈타인이 실천하고자 했던 것을 재미있는 이야기를 통해서 표현하고 있습니다.

"철학은 언어라는 수단을 통해서 지성의 마법에 대항하는 싸움이다. 또한 언어 속에서 싸우고 언어를 통해서 마법에 대항한다"는 비트겐슈타인의 말을 이 책의 저자는 재치 넘치는 특유의 필치로 우리를 언어의 마법 세계에 빠뜨립니다. 그래서 많은 어린이들에게 사랑을 듬뿍 받으리라 생각되어 이 책을 적극 추천합니다.

충남대 철학과 교수 양해림

C O N T E N T S

마녀와 대마왕과
아방 소녀와 샤방 아빠

언어는 미로이다. 당신은 어떤 한쪽으로부터 오면 그 길을 잘 안다. 당신
이 다른 쪽에서부터 동일한 장소로 다시 오면 당신은 그 길을 더 이상 알
지 못한다.

―비트겐슈타인

1 세상에서 제일 재미있는 일

"집에 있는 놈들 모두 모여! 10초 이내로!"

외출에서 이제 막 돌아온 엄마의 한마디에 해이는 하던 일을 멈춥니다. 옆에서 영어 공부를 하던 해라도 연필을 놓습니다. 모든 일들이 순식간에 일어난 일입니다. 해이와 해라는 머리칼을 휘날리며 바람보다 빠르게 엄마에게로 달려갑니다.

"뭐야, 꼬맹이 둘이야? 동생들만 남기고 두 놈은 어디 갔어?"

"해신 형은 아까부터 안 보이고 해류 형은 학교에서 안 왔어."

"엄마, 해이 오빠가 자꾸 놀려. 이거 해라, 저거 해라 심부름만 시키고."

"뭐야, 네가 먼저 헤이, 헤이, 헤이, 하고 놀렸잖아."

"내가 언제? 난 그냥 영어 공부한 거란 말야."

"나 보고 웃으면서 헤이, 헤이 하는 게 무슨 영어 공부야."

"아이참, 오빠야말로 내 이름 갖고 매일 놀리면서."

"무슨 소리? 난 다만 공부해라, 조용히 해라 했을 뿐인……."

"지금 엄마 앞에서 뭐하는 시추에이션인 거냐? 사랑하는 아들 딸아?"

엄마의 목소리가 낮고 부드럽습니다. 입가에 미소가 번집니다. 엄마가 저렇게 나올 땐 특급 마녀 버전이 나오기 직전입니다. 주변 공기가 갑자기 추워집니다. 해이가 살짝 비굴 모드로 들어갑니다.

"어…… 엄마, 그러니까……."

"그래그래. 방학이라 심심하지? 방바닥에 착 달라붙어 있으니까 등도 간지러울 거야. 엄마가 들어오다 보니까 세상에 마당이 아주 파릇파릇하더구나. 뜯어먹으려고 일부러 키운 걸까? 아님 누군가 할 일을 안 해서일까? 지금부터 엄마가 세상에서 가장 재미있는 일을 가르쳐 주마."

엄마의 얼굴에서 웃음이 사라집니다. 마당을 향해 오른팔을 쭉 뻗습니다.

"잡초 뽑기 실시! 한 바구니 가득!"

"크루루루룽!"

어디서 천둥이라도 울리는 걸까요? 마른하늘에 벼락이라도 치는 걸까요? 아니면 엄마가 공룡으로 변신이라도 한 걸까요? 해이와 해라는 후닥닥 마당으로 뛰쳐나갑니다. 뒤돌아보는 엄마는 어느새 인간으로 돌아왔는지 웃으며 말합니다.

"어머, 우리 집 애들은 착하기도 하지. 바구니는 뒷마당에 있단다. 여보, 나 왔어요."

"당신 왔어? 더운데 힘들었지?"

아빠가 작업실에서 샤방샤방 웃으며 나옵니다. 매일 보는 엄마인데 뭐가 그리 좋은지 아빠의 얼굴엔 연신 미소가 떠나지 않습니다.

"게으른 당신이 늦게 쓴 원고 좀 갖다 주는 일이 뭐가 힘들겠어요? 날이 좀 덥고, 편집자는 좀 짜증 나고, 차는 좀 막히고, 마당에 잡초는 좀 많고, 그뿐인 걸요. 호호호."

"……."

"하나도 안 힘들다니까요. 호호호."

"해이랑 해라는 마당에서 뭐해?"

"잡초 뽑기가 너무 재미있다지 뭐예요."

'하나도 재미없다고! 그렇게 재미있으면 엄마가 하면 되잖아!'

해이는 엄마를 바라보며 용감하게 소리칩니다. 할 말은 하고 살아야 한다고 생각했기 때문입니다. 아무리 엄마가 무서워도 그냥 물러설 수는 없습니다. 그러나 마음속으로만 외칩니다. 절대로 입 밖으로 소리를 낼 수 없는 처절한 절규입니다. 엄마가 들으면 결코 잡초 한 바구니로 끝나지 않을 테니까요.

"한 바구니면 된단 말이지? 후훗, 한 바구니…… 한 바구니……."

해이는 체념한 얼굴로 뒷마당으로 갑니다. 해라도 뒤따라갑니다.

"까짓것, 금방 끝내지 뭐. 해라야, 누가 빨리 뽑나 내기할까? 잡초 뽑기 놀이는…… 그러니까…… 의외로 재미있을지도 몰라."

"정말?"

해이는 속으로 만세를 부릅니다. 하지만 열심히 머리를 굴리며 생각을 합니다. 해라가 도중에 도망가 버리면 심심해질 테니까요. 뭐라고 해야 믿을까? 해라는 들은 대로 믿어 버리긴 하지만 그래도 그럴듯하게 꾸며 내긴 어렵습니다.

"그럼. 아마 잡초 뽑기는 세상에서 가장 재미있는 일이 될 거야. 엄마도 그랬잖아. 너도 들었지? 세상에서 제일 재미있는 일을 시켜 주겠다고. 엄마도 참, 겨우 한 바구니라니…… 마음만 먹으면 순식간에 다 채울걸? 아아, 재미를 느끼기도 전에 다해 버리면 싱거워서 어떡하지? 이거 참, 난감하……."

해이의 목소리가 갑자기 뚝 끊깁니다. 뒷마당에 얌전하게 놓여 있는 바구니에 시선이 향합니다. 해라도 해이의 시선을 따라 바구니를 바라봅니다. 둘이 나란히 서서 한참을 바라봅니다. 참으로 잘생긴 바구니입니다. 해라처럼 작은 체구 정도는 쏙 들어가고도 남을 무지막지하게 커다란 바구니입니다.

2 샤바샤바 아이샤바

해이와 해라는 땀을 뻘뻘 흘리면서 잡초를 뽑습니다. 언제는 잡초도 야생풀이라며 그냥 내버려 두라던 엄마가 오늘은 무슨 변덕인지 알 수가 없습니다. 분명 밖에서 화가 나는 일이 있었음에 틀림없습니다. 그렇지 않고서야 저렇게 큰 소리로 즐겁게 노래를 부를 리가 있겠어요?

"신데렐라는 어려서, 해이해이! 부모님을 잃고요, 해이해이! 계모와 언니들에게, 해이해이! 구박을 받았더래요, 해이해이!"

박자까지 넣어 가면서 신나게 부르는 엄마의 노랫소리가 부엌 창문을 통해 마당까지 고스란히 들려옵니다. 가사도 가락도 해괴하기 그지없는데 엄마는 기분 나쁜 일이 있을 때면 버릇처럼 저 노래를 부릅니다.

"샤바샤바 아이샤바, 내 딸은 잘 해라."

"오늘 우리 마녀님께서 심기가 불편하신가 보네."

"해신 형!"

"해신 오빠!"

이 집의 큰아들인 해신이 마당에 서서 해이와 해라를 쳐다봅니다.

"형, 도와줘! 이 큰 걸 다 채우래. 분명히 엄만 저녁도 안 줄 거야. 풀 뽑다가 난 죽을 거야. 잡초 귀신이 될 거라고."

해신은 어이없다는 얼굴로 해이를 바라봅니다. 정말이지 이놈은 엄살이 너무 심하다니까, 라는 표정입니다.

"저녁 한 끼 안 먹는다고 설마 죽기야 하겠냐?"

해신은 그대로 집 안으로 들어갑니다. 해라의 머리를 잠깐 쓰다듬어 주었을 뿐 그대로 사라집니다. 가볍게 바구니를 훌쩍 뛰어넘더니 안으로 들어갑니다.

"치, 냉정 대마왕."

"지금 누구한테 하는 소리야? 이 땅꼬마야."

"해…… 해류 형!"

"해류 오빠!"

대문에 기대어 사악한 웃음을 띠고 있는 것은 둘째 아들 해류입니다. 해이가 세상에서 가장 무서워하는 것이 둘 있으니 그 첫 번째가 엄마이고 두 번째가 바로 해류입니다. 도움은 바라지도 않으니 제발 빨리 집 안으로 들어가 주길 바라는 표정입니다.

"저런 저런, 그렇게 겁먹은 얼굴이면 더 괴롭혀 주고 싶잖아."

'윽, 참아야 해, 참아야 해, 죽어도 참아야 해.'

해이는 아무렇지도 않은 얼굴 표정을 짓느라 입가에 경련이 일어날 지경입니다. 심지어 다리까지 부들부들 떨립니다.

"넌 말이야, 무슨 생각을 하는지 얼굴에 다 드러난다고."

해류가 해이에게 슬슬 다가옵니다. 해이를 보며 싱긋 웃기조차 합니다. 엄마랑 꼭 닮은 저 웃음! 아아, 이젠 끝장입니다.

"해류 오빠, 도와줄 거야?"

해라가 눈을 반짝반짝 빛내면서 해류를 바라봅니다. 해이의 입이 떡 벌어집니다.

'저 바보가! 생각한 걸 그대로 입 밖에 내면 어떡해! 으아아악!

저 사악 대마왕이 그럴 리가 없잖아! 이 아방 소녀야!'

"해라야."

"응?"

해라는 여전히 반짝반짝 빛나는 얼굴로 해류를 바라봅니다. 보는 사람이 난감할 정도로 해맑은 얼굴입니다.

"자기가 할 일은 자기가 해야 착한 어린이지?"

"네."

해류는 집 안으로 들어갑니다. 해라의 머리를 쓰다듬어 주곤 휘파람을 불며 걸어갑니다. 해이가 안도의 한숨을 쉬는 순간 가볍게 바구니를 걷어차곤 들어갑니다. 붕 떠오른 바구니가 땅에 떨어지면서 애써 모아 놓은 잡초들이 사방팔방으로 흩어집니다.

"하하하."

해류의 웃음소리가 귓가에 쟁쟁합니다.

"샤바샤바 아이샤바."

엄마의 노랫소리가 귓가에 끊임없이 들려옵니다.

3 와글와글 벙긋벙긋

저녁 식사 시간입니다. 결국 바구니에 잡초는 다 채우지 못했지만 내일, 모레, 글피, 며칠이 걸리든 한 바구니를 다 채운다는 걸 맹세하고서야 저녁밥을 먹습니다. 쭈그리고 앉아 잡초를 뽑느라 어깨와 허리가 푹푹 쑤십니다. 해이는 숟가락을 들 힘조차 없습니다.

"어머, 해이는 밥맛이 없나 보네? 그만 먹을래?"

엄마의 말이 끝나기 무섭게 해이의 숟가락 속도가 빨라집니다.

"퍽퍽퍽."

해이는 씩씩하고 용감하게 밥을 퍼먹습니다.

"저런, 그렇게 맛있어?"

싱긋 웃는 엄마를 향해 열심히 고개를 끄덕입니다. 세상에서 이렇게 맛있는 밥이 또 있냐는 듯 웃으면서 밥을 먹습니다.

"해라야, 잡초 뽑기 재미있었어?"

해류가 활짝 웃으며 해라를 바라봅니다. 해이는 하마터면 숟가락을 떨어뜨릴 뻔했습니다. 저 사악 대마왕이 또 무슨 소리를 하려고 저러는 거냐는 생각에 흥분을 했기 때문입니다.

"응. 재미있었어. 근데 땅은 잡초를 정말 좋아하나 봐. 땅이 잡초를 꽉 잡고 놓아 주지 않던걸."

해라는 참말이라는 표정으로 열심히 말합니다. 세상에 저렇게 진지하게 말하다니! 해라 넌 정말 너무 귀여워! 식구들은 모두 해라를 바라봅니다. 모두들 해라를 콱 깨물어 주고 싶어 하는 얼굴들입니다.

"그래서 잡초가 좀 불쌍했어. 그렇게 좋아 하는 땅이랑 헤어져야 하잖아."

"해라 마음이 아팠구나?"

아빠가 가슴 아픈 얼굴로 물어봅니다. 동화 작가인 아빠는 작은

비트겐슈타인이 들려주는 언어 이야기

일에도 금방 감정이입을 해 버립니다. 마치 자기 일처럼 느낀다고
나 할까요.

"응. 하지만 약속한 거니까 끝까지 할래."

해라는 씩씩하게 웃습니다. 아빠도 따라서 웃습니다. 딸을 너무

좋아 하는 팔불출 아빠입니다.

"아빠는 해라가 너무 좋아."

"해라도 아빠가 너무 좋아."

아빠는 해라의 말에 뿌듯하면서도 가슴이 찡해집니다. 세상에 부러울 게 없는 얼굴입니다. 해이는 몰래 가슴을 쓸어내립니다. 하지만 아직 마음을 놓을 수 없습니다. 해류가 갑자기 잡초 이야기를 꺼낸 게 걸립니다.

"그리고 잡초 뽑기는 세상에서 가장 재미있는 일이라고 해이 오빠가 그랬는걸요?"

"오호라, 해이가 그랬단 말이지?"

해류의 입가에 미소가 번지자 아빠는 싱긋 웃어 줍니다. 하지만 드디어 올 것이 오고야 말았습니다. 해이는 순간 눈앞이 캄캄해집니다.

"잡초 뽑기가 세상에서 제일 재미있는 일이라고?"

엄마가 이상하다는 듯이 말합니다.

'그건 엄마가 먼저 한 말이잖아!'

"정말 해이는 잡초 뽑기를 좋아 하는구나."

아빠가 눈을 동그랗게 뜨고 해이를 바라봅니다.

'좋아 할 리가 없잖아!'

"그게 그렇게 재미있어? 신기한 놈."

해신이 진짜 신기하다는 듯 해이를 바라봅니다.

'절대 재미있지 않다니까!'

"해라야, 땡볕 아래 오래 있는 거 힘들지 않아?"

해류가 해라를 보며 말합니다.

'나도 땡볕이 싫다고!'

"응. 그건 좀 힘들어."

해라의 말이 끝나자마자 식탁엔 침묵이 흐릅니다. 여덟 개의 검은 눈이 일제히 해이를 향합니다.

"해라가, 해라가, 해라가, 힘들다고 하잖아."

검은 오라가 해이를 향해 뻗어 옵니다. 칡덩굴처럼 해이를 칭칭 감습니다.

"아, 앞으로 잡초 뽑기는 나 혼자 할게. 하하하! 진짜 재미있거든. 하하하."

땡땡땡. 상황 끝. 모두 식탁에서 일어납니다.

"아니야, 이게 아니야! 이게 아니라고! 다들 내 말 좀 들어 봐!"

해이의 머릿속에서 많은 말들이 와글와글 외치지만 입만 어버어버 벙긋벙긋할 뿐입니다.

말과 언어는 힘이며 권력이다

　우리가 말할 수도 없고 쓸 수도 없으며 읽을 수도 없다면 어떨까요? 아마도 오늘날과 같은 문화를 이루고 사람들과 자유롭게 소통하면서 살 수 없을 것입니다. 그만큼 우리가 일상에서 쉽게 사용하고 있는 말과 언어는 인간들의 생활을 위해서 매우 중요한 수단입니다.

　그런데 말을 쓰고 언어를 사용한다는 것은 그렇게 쉬운 일만은 아닌 것 같습니다. 왜냐하면 상대방의 말을 서로 잘못 이해해서 어려운 일이 많이 생기기도 하니까요. 우선 말과 언어는 자신의 생각을 표현하는 것인데, 자신의 생각을 정확히 드러내는 것부터가 쉽지 않습니다. 마음속에 들어 있는 생각이 말로 잘 표현되지 않아서 여러분들도 쩔쩔맸던 경험이 한번쯤은 있었을 것입니다. 뿐만 아니라 자신의 생각을 정확히 말로 표현했다고 해서 상대방이 그대로 잘 이해한다는 것도 보장할 수 없습니다. 다시 말하면, 여러분 자신이 한 말을 듣고 말하는 뜻을 잘못 알고 오해하는 친구들이 생길 수 있으니까요. 그래도 어쩌겠어요. 우리는 말과 언어를 통해서 자신의 생각을 표현하고 이

해시키도록 해야 하지 않겠어요?

　이렇게 말과 언어는 사람들이 세상을 이해하고 다른 사람과 관계를 형성하기 위해서 꼭 필요합니다. 즉 말과 언어는 단순히 필요한 것으로 끝나는 것이 아니라 하나의 무기와 같은 성질을 가집니다. 그것도 아주 성능이 좋은 무기입니다. 왜냐하면 우리는 말과 언어를 통해서 명령을 하기도 하고 자신의 뜻을 실현시키기도 하기 때문이지요.

　또 말을 잘하는 사람을 보면 대단해 보이지 않나요? 말과 언어를 잘 사용할 수 있는 사람은 자신의 생각을 잘 표현하고 실현해 낼 수 있는 사람이라고 할 수 있습니다. 따라서 말과 언어를 힘이나 권력이라고까지 할 수 있습니다.

　예부터 철학자와 언어학자들은 말과 언어에 대해서 많은 연구를 해 왔습니다. 그중에서 매우 유명한 언어철학자는 비트겐슈타인이라는 오스트리아 사람입니다.

　비트겐슈타인은 1899년 4월 26일 오스트리아 빈의 부유한 가문에서 막내아들로 태어났습니다. 유대인계 후손인 부모님은 굉장한 부자여서 가족들은 귀족처럼 생활할 수 있었습니다. 그들은 빈에서 궁전 같은 집을 짓고 살면서 빈 교외에 있는 별장과 또 다른 곳에 있는 호화 저택을 번갈아 사용하면서 부족함 없는 생활을 하였습니다.

　예를 들면, 그들 가족은 저녁이 되면 음악 모임을 갖곤 했는데, 그

모임에는 우리가 잘 아는 음악가 브람스, 말러 등이 참석하곤 했습니다. 비트겐슈타인은 어렸을 때부터 풍요롭고 예술적인 분위기 아래서 자라났습니다.

그는 성장하면서 철학에 관심을 가지고 연구하다가 철학에서 가장 중요한 문제는 언어의 문제라는 생각을 하게 됩니다. 그래서 철학의 문제를 해결하기 위해서는 반드시 언어의 문제를 먼저 해결해야 한다고 주장하게 됩니다. 그래서 언어에 대한 연구를 집중적으로 하게 되지요.

비트겐슈타인은 언어를 알기 위해서는 언어를 이루는 가장 기본적인 것이 무엇인가 하는 물음에서부터 시작하였습니다. 그런데 당시 사람들이 생각하기를, 언어의 기본은 생각이나 사실을 표현하는 것이기 때문에 가장 간단한 생각을 표현하는 문장을 명제라 했습니다. 특히 가장 간단한 생각을 표현하기 때문에 '단순명제' 라 한 것입니다.

예를 들면 비가 오고 있는 사실을 보고서 내가 '비가 온다' 라고 말하면 그 사실을 설명하는 가장 단순한 명제를 말한 것이 되는 거지요. 이러한 생각을 바탕으로 해서 비트겐슈타인은 세계는 가장 단순한 명제들에 의해서 설명될 수 있다고 보았습니다.

세상과 사물과 그 모든 것들의 이름

 사고(思考)는 일종의 언어이다.

－비트겐슈타인

1 더 이상 못 참아

해이는 벌써 이틀째 잡초를 뽑고 있습니다. 게다가 내일은 해류의 친구가 영국에서 온다고 온 집안 식구가 들떠 있습니다. 음식을 준비한다, 청소를 한다, 모두 난리인데 자신은 집안일에 끼지도 못하고 잡초나 뽑고 있으려니 너무 화가 납니다.

언제나 자신만 만만한 밥입니다. 두 형들과 여동생 사이에 껴서 숨죽이며 살아온 시간들은 참으로 길고 긴 날들이었습니다. 하지만 이제 더 이상은 못 참습니다.

하고 싶은 말들이 가슴속에서 부글부글 끓어오릅니다.

"난 밥이 아니라고!"

해이는 벌떡 일어납니다. 뽑아도 뽑아도 끝이 안 보이는 잡초는 기세등등합니다. 사악 대마왕 해류 같습니다.

"뭐야, 밥이 아니면 밥통이냐?"

호랑이도 제 말 하면 온다더니 해류가 마당으로 나옵니다. 해이는 얼른 바구니를 끌어안습니다. 죽어도 사수해야 하는 바구니입니다. 이제 겨우 3분의 1을 채웠을 뿐입니다. 해류는 그런 해이를 힐끗 보더니 너무너무 이상한 표정을 짓습니다. 고개까지 갸웃거립니다.

"너 더위 먹었냐? 잡초 뽑기가 좋다더니 잡초 바구니까지 좋아진 거냐?"

'이놈아, 어제 네가 한 일을 벌써 잊었더냐!'

해이는 이판사판입니다. 아무리 사악 대마왕 해류라 해도 이젠 정말 할 말은 하고 살 거라 결심합니다. 눈을 크게 뜨고 소리칩니다.

"더운데 바구니 끌어안고 눈은 왜 크게 떠? 입은 또 왜 벌려? 붕어냐?"

'이놈아, 너도 땡볕 아래 잡초나 한번 뽑아 봐라!'

해이는 마음속으로 소리친 것도 상대방에게 들렸으면 좋겠다고 생각합니다. 그럼 얼마든지 말할 수 있습니다. 하지만 소리 내어 말하기가 참말로 어렵습니다.

해류가 해이에게 다가옵니다. 해이는 바구니를 더욱 세게 끌어 안습니다. 해류가 점점 가까이 다가옵니다. 바로 코앞입니다. 그러나 아무 일도 일어나지 않습니다.

무슨 일이 일어나기는커녕 해류는 너무 다정하게 해이의 등까지 톡톡 두드려 줍니다. 네 마음 다 안다는 듯 고개를 끄덕입니다. 멍하니 해류를 바라보는 해이에게 천천히, 상냥한 목소리로 딱 한마디 했을 뿐입니다.

"변. 태. 소. 년."

태양은 뜨겁습니다. 땡볕 아래 거리는 이글이글 타오르는 듯합니다. 해이는 금방 마음이 약해집니다. 시원한 집이 그립습니다.

'지금이라도 늦지 않았어. 돌아갈까? 손님도 오시는데 내가 없어지면 엉망이 되지 않을까?'

해이는 잠시 망설이더니 집 쪽을 바라봅니다.

'해라가 걱정하지 않을까? 나 대신 잡초를 뽑다가 쓰러지면 어떡하지? 아냐, 엄만 해라에게 혼자 하라고 하진 않을 거야. 그래. 이번 기회에 모두 쓴맛을 봐야 해. 해류 손님 따위 내가 알게 뭐야.'

해이는 다시 마음을 다잡습니다. 아무도 자신을 소중하게 생각해 주지 않는 집엔 돌아가고 싶지 않습니다. 용감하게 앞으로 나아갑니다.

버스 정류장입니다. 어디로 가야 할지 모르겠습니다. 할 말도 다 못하고 사는데 아예 말이 통하지 않는 곳으로 가면 차라리 나을 것도 같습니다. 생각하니 더 덥습니다. 잠깐 의자에 앉았더니 버스가 줄줄이 옵니다.

"청운동, 양지 마을, 까치산……."

소리 내어 읽어 봅니다. 어딘지 모르는 낯선 지역들이 마치 외국의 지명 같습니다. 해이는 단순하게 소리 내어 발음하는 것이 재미있다고 느낍니다. 예전에는 몰랐던 즐거움입니다.

"청운동."

'청운동? 푸른 구름 동네? 에이, 푸른 구름이 어디 있어? 그럼 푸른 청이 아닌가?'

해이는 골똘히 생각에 잠깁니다.

'어쩌면 동네랑 이름이랑은 아무 상관없는 게 아닐까? 양지 마을만 해도 그래. 그 동네가 양지인지 음지인지 어떻게 알지? 게다가 까치산? 까치들이 산을 이룬다는 거야, 까치 모양의 산이라는 거야?'

해이는 어디로 가야겠다는 생각조차 잊고, 잠시 생각에 빠집니다. 그러고 보니 세상 모든 사물에는 저마다 이름을 갖고 있습니다. 하지만 사물이 이름과 꼭 맞아떨어지거나 일치하는 것은 아니라는 생각도 듭니다. 도대체 사물과 이름은 어떤 관계일까요?

해이는 자신의 이름을 생각합니다. 형들과 동생 이름도 생각합니다. 모두 아빠가 지어 준 이름입니다. 아빠는 해신, 해류, 해이, 해라, 네 명을 주인공으로 그린 동화를 쓰겠다고 입버릇처럼 말합니다. 게으른 아빠에게 과연 그날이 올 지 모르지만요.

첫째 해신은 바다 해. 새로울 신.
바다처럼 새로운 사람이 되라고.
둘째 해류는 바다 해. 흐를 류.
바다처럼 흐르는 사람이 되라고.
셋째 해이는 바다 해. 이로울 이.

양지마을?

청운동?

바다처럼 이로운 사람이 되라고.

막내 해라는 바다 해. 빛날 라.

바다처럼 빛나는 사람이 되라고.

해이는 모두 멋진 이름이라고 생각합니다. 가만히 있지 못하고 이름처럼, 여기저기 쏘다니는 해류 형이 조금 걱정되긴 하지만요.

'앗, 지금 누가 누굴 걱정하는 거야!'

해이는 방금 한 생각을 떨쳐 버리려고 고개를 세차게 흔듭니다. 만일 생각이 눈에 보인다면 발로 뻥 차 버려서 저 멀리 날려 버렸을 겁니다.

'사막 한가운데 떨어뜨려 놓아도 모래를 팔아서라도 살아남을 인간을 걱정하다니.'

이러니 소심 대마왕 소리를 들어도 별수 없다고 생각하는 해이입니다.

2 세상에서 가장 먼 곳

달리는 버스 안에서 창밖을 바라봅니다.

휙휙 지나가는 풍경을 보노라면 움직이는 것은 바깥이고 달리는 버스는 정지해 있는 것처럼 느껴집니다.

단조로운 버스의 움직임에 살짝 잠이 올 것도 같습니다. 해이는 지금 세상에서 가장 먼 곳으로 가고 있습니다.

"버스가 달린다."

해이는 살짝 소리 내어 말해 봅니다. 이러다간 혼잣말 대마왕이 될지도 모르겠습니다. 누가 들은 사람이 없는지 주변을 살펴봅니다. 하지만 모두 깊은 잠에 빠져 있거나 이어폰을 끼고 음악을 듣고 있습니다.

"버스가 달린다."

다시 말해 봅니다. 버스를 버스가 아닌 다른 말로 부른다면 어떻게 될까요? 해이는 궁금합니다. 나 혼자만의 말을 만들어 쓸 수도 있을까요? 버스는 사과로, 나무는 웃음으로, 못생기고 미운 인간은 모두 해류로.

'버스가 달린다'는 '사과가 달린다'가 되고 '나무는 서 있다'는 '웃음은 서 있다'가, '저기 못생기고 미운 인간이 있다'는 '저기 해류가 있다'가 됩니다.

해이는 갑자기 키득키득 웃습니다. 생각만으로도 너무 통쾌합니다. 말을 바꿔 쓰는 것만으로도 13년간 묵어 온 답답함이 확 내려가는 것 같습니다. 어라? 그런데 해이는 새로운 의문점이 생깁니다.

'사람들이 내 말을 알아듣지 못한다면 내가 한 말이 무슨 의미가 있지?'

갑자기 해이는 자못 심각한 표정을 짓습니다. 말을 쓰는 것과

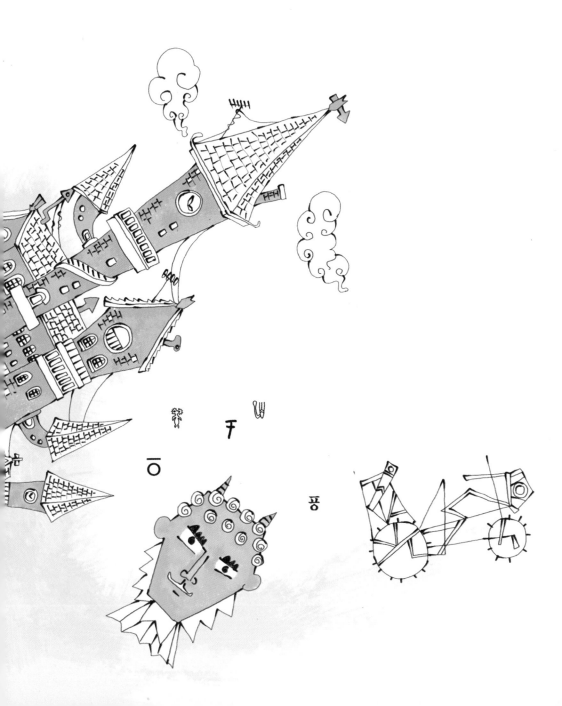

말을 전달하는 것과, 말을 이해한다는 것이 보통 일이 아니라는 생각이 듭니다.

창밖을 바라봅니다. 달리는 나무가 있습니다. 날아가는 구름이 있습니다. 하지만 진짜 움직이는 것은 버스입니다.

세상은 눈에 보이는 것이 전부는 아닌 것입니다.

그렇다면 말은 어떨까요? 말로 전해진 것이 전부는 아닌 걸까요? 아니면, 말한 것 이상의 의미가 말 속에 들어 있는 것일까요?

해이는 졸음이 싹 달아납니다. 말에 대해서 생각하고부터 이 말이라는 놈이 점점 신기하게 생각됩니다. 지금까지 할 말도 제대로 못하고 살았던 해이였지만 말이죠.

다시 창밖을 바라봅니다. 보이는 대로 해이는 말해 봅니다.

"하늘, 자동차, 산, 집⋯⋯."

갑자기 정신이 번쩍 듭니다. 저기 분명히 하늘과 자동차와 산과 집이 있습니다. 그런데 말이 없었다면 저것을 어떻게 불러야 할까요? 세상은 사물로 가득 차 있는데 말이 없다면 어떻게 표현할 수 있을까요?

하늘은 하늘로 불러야 하늘일까요?

자동차는 자동차로 불러야 자동차일까요?

해이는 점점 알 수 없어집니다. 하늘을 하늘로 부르지 않아도 하늘이 하늘인 것은 분명합니다. 자동차를 자동차라고 부르지 않아도 자동차가 다른 물건이 되는 것은 아니니까요. 그럼 사물과 이름은 일치하는 것이 아닌 걸까요?

'나를 해이라고 부르건 땅꼬마라고 부르건 내가 나인 건 변함없잖아. 치, 그래도 땅꼬마라고 불리는 건 기분 나쁘다고.'

해이는 사물과 이름의 관계에 대해 놀라움을 느낍니다. '사물=이름'인 줄 알았는데 이름은 그 사물을 가리키는 역할뿐이라니!

'어? 이거 굉장하잖아! 나 혹시 천재가 아닐까?'

해이는 으쓱해집니다. 대단한 발견을 한 것처럼 심장까지 쿵쾅거리며 뜁니다. 세상과 말이 한꺼번에, 쌍둥이 빌딩만 한 파도처럼 밀려옵니다. 차분히 숨을 쉽니다. 이렇게 놀라운 사실을 다른 사람들에게 알리기도 전에 죽으면 곤란하니까요. 아마 옆에 식구들이 있었다면 이런 해이를 보고 한마디씩 했을 거예요.

냉정 대마왕 해신: 뭐 그런 걸로 설마 죽기야 하겠니?

사악 대마왕 해류: 땅꼬마! 쓸데없는 생각을 하니까 키가 안 크는 거야.

아방 소녀 해라: 해이 오빠, 생각을 많이 해서 이렇게 키가 안 큰 거야?

샤방 아빠: 아무리 키가 작아도 아빠는 해이를 사랑해.

마녀 엄마: 설거지 끝내면 마루 좀 닦아라.

해이는 피식 웃습니다. 듣지 않아도 식구들의 반응을 바로 옆에서 들은 것처럼 알 수 있습니다.

자기가 없어진 것도 모르고 지금쯤 이놈이 땡땡이 치고 어디 갔는지 추측하느라 대토론이라도 벌리고 있을지도 모릅니다. 소심 대마왕 해이가 집을 나갔다는 것은 꿈에도 모르겠지요.

해이는 식구들 생각을 하다가 붕붕 고개를 젓습니다. 자꾸 생각하면 돌아가고 싶어질 테니까요. 다시 아까 생각으로 돌아갑니다.

'사물은 이름과 같은 것이 아니다. 이름은 사물을 가리키는 것일 뿐.'

그럼 사물이 중요한 것일까요? 이름이 더 중요한 것일까요? 사물을 드러내기 위해 단지 이름이 필요한 것일까요? 이름을 불러줌으로써 드디어 사물에 의미가 생기는 것일까요?

이런 생각만으로도 벌써부터 머릿속이 복잡해서 터질 것 같습니다. 그만 생각을 멈추고 싶습니다.

'생각을 멈춰?'

생각을 멈추려면 말도 떠올리지 말아야 합니다. 해이는 아무 생각을 하지 않기 위해 아무 말도 떠올리지 않습니다.

'생각하지 말자. 말도 하지 말자. 나는 바보다, 나는 바보다, 나는 바보……'

해이는 생각하지 않기 위해 말을 하지 말자, 라고 말한 것도 말한 것이라는 생각을 합니다.

이럴 수가! 정녕 말에서 벗어날 수는 없는 것일까요? 말할 수 있는 것은 정확히 말하고 말할 수 없는 것에 대해서는 무조건 침묵만 해야 하는 걸까요?

해이는 한숨을 쉬고 말하는 것을 포기합니다. 포기와 체념이라면 대마왕들과 마녀가 있는 집에서 13년간이나 잘 갈고닦아 왔으니까요.

"덜컹덜컹."

'버스라고 불리는 사물'은 '해이라고 불리는 소년'을 싣고 세상에서 가장 먼 곳으로 가고 있습니다.

3 까도 까도 속이 보이지 않는 양파

해이는 버스에서 내립니다. 하늘이 끝도 없이 펼쳐져 있습니다. 사람들이 바쁘게 오고 갑니다. 주변에서 끊임없이 소음이 들립니다. 빵빵, 자동차 소리가 요란합니다. 비행기가 뜨고 내립니다. 여기는 인천 국제공항입니다.

'세상에서 가장 먼 곳으로 가자!'

무작정 결심하고 이곳까지 왔지만 해이는 덜컥 겁이 납니다. 주변에 사람들이 너무 많아서 일단 안으로 들어갑니다. 거대한 고래

배 속에 들어가는 기분입니다. 갑자기 해이는 배가 고팠습니다. 버스 안에서 생각을 너무 많이 한 탓입니다. 해이는 지갑을 꺼냅니다. 은행 통장이랑 돼지 저금통까지 탈탈 털어 가지고 왔지만 사실 해이는 비행기 표 사는 방법도 모릅니다. 돈은 여기저기 나누어 넣어 두었습니다. 한꺼번에 지갑에 넣어 두었다가 지갑을 잃어버리기라도 하면 큰일이니까요.

간단한 샌드위치와 음료수를 파는 곳을 발견합니다. 그런데 너무 비싸서 샌드위치나 음료수 둘 중 하나만 골라서 먹어야 될 것 같습니다. 배도 고프고 목도 마릅니다. 맛있는 샌드위치도 먹고 싶고 시원한 주스도 마시고 싶습니다. 해이는 고민합니다. 무엇을 골라야 하지?

"아무 거나 골라. 너 지금 장난해?"

해이는 펄쩍 뛸 만큼 놀랍니다.

'누가 나 보고 하는 소리지? 샌드위치랑 주스 두 가지 중 하나를 고르지 못해서 화가 난 걸까?'

얼른 옆으로 비켜서서 주변을 두리번거립니다. 다시 목소리가 들려옵니다. 아까보다 더 화가 난 소리입니다.

"지금 뭐하는 거야!"

해이는 아까보다 더 놀랍니다. 하마터면 지갑을 떨어뜨릴 뻔했습니다. 사람들이 마구 밀려옵니다. 머리가 어지럽고 정신이 하나도 없습니다.

"도대체 정신을 어디에 빼놓고 다니는 거야!"

해이는 점점 더 놀랍니다. 누가 자신을 보고 있는 걸까요? 도망치고 싶습니다. 울음이 터지기 직전입니다.

'누가 나 좀 도와줘요! 난 그저 샌드위치냐 주스냐를 고민하고 있었을 뿐이라고요!'

"혼자 고민한다고 문제가 해결되냐? 이 바보야!"

해이는 거의 기절 직전입니다. 외계인이라도 숨어 있는 건지, 마음속 생각을 읽는 초능력자라도 있는 건지 놀라서 눈이 커지다 못해 쏟아질 것 같습니다. 하지만 호랑이 굴에 잡혀가도 정신만 똑바로 차리면 된다고 했습니다. 해이는 숨을 크게 쉽니다. 허리를 쭉 펴고 똑바로 앞을 바라봅니다.

"아주, 제법이구나! 눈만 크게 뜨면 다냐? 뭘 잘했다고 똑바로 쳐다봐!"

이 말 한마디에 갑자기 깨갱, 하고 목이 움츠려 들고 용기까지 사라집니다. 다시 고개를 숙입니다. 금방이라도 누가 해이를 잡으

러 올 것만 같습니다. 몰래 주변을 두리번거립니다. 설마 샌드위치랑 주스 중 뭘 사야 할지 몰라서 잠시 고민했다고 한들 누가 잡아가기라도 하겠어요? 해이는 슬금슬금 발걸음을 옮깁니다.

"내가 여기서 꼼짝 말고 있으라고 했지?"

순간 걸음을 딱 멈춥니다. 정말 어쩌라는 것인지 해이는 죽을 지경입니다. 해이는 목소리가 나는 곳을 찾습니다. 아, 저만치에 형제로 보이는 두 사람이 서 있습니다. 소리치는 사람은 형입니다. 해류 형 나이 정도로 보입니다. 동생은 해이 또래로 보입니다.

"이렇게 넓은 곳에서 혼자 돌아다니다가 미아가 되면 어쩔 건데?"

"조금만 구경하고 여기로 오려고 했단 말이야."

"구경하긴 뭘 구경해? 공항 처음 와 봐?"

"그래도 예전하고 많이 다른걸."

"빨리 먹기나 해. 도대체가 치즈 버거랑 새우 버거를 두고 몇 분씩 고민하는 놈이 어딨냐? 다른 일은 그렇게 고민도 안 하는 녀석이……"

해이는 저도 모르게 웃음이 납니다. 해류랑 닮은 형입니다. 지금까지 저 형이 소리치는 게 다 자신의 일 같아서 전전긍긍했던 것이 한바탕 개그 쇼라도 벌인 것 같습니다. 다리에서 힘이 빠집니다. 정말 소심하기 짝이 없습니다.

자기한테 한 말도 아닌데 어쩌면 그렇게 상황에 딱 맞는지 그저 놀라울 뿐입니다. 말이라는 것은 이렇게도 쓰이고 저렇게도 쓰이는 것일까요? 그래서 오해가 생기기도 하는 걸까요?

해이는 말이라는 것은 그저 어떤 사물을 가리키기 위해서만 있는 것은 아니라는 생각을 합니다. 어쩌면 말에는 해이가 생각하는 것보다 훨씬 복잡하고 깊은 비밀이 숨겨져 있을지도 모릅니다.

아까까지만 해도 자신이 굉장한 천재처럼 여겨졌는데 지금은 바보 같습니다. 까도 까도 속이 보이지 않는 양파처럼 말이라는 놈은 알면 알수록 점점 알 수 없어집니다. 해이는 휴, 하고 한숨을 내쉽니다.

'그런데 뭘 먹지?'

아직도 뭘 먹을지 결정 못하는 해이입니다.

말할 수 있는 것에 대해서는 정확하게 말하고
말할 수 없는 것에 대해서는 침묵하라

　비트겐슈타인은 세상은 사실들로 이루어져 있고, 언어는 그 사실을 표현하는 것이라고 생각했습니다. 사실이란 사물들이 서로 관계를 맺고 있는 것으로 세상은 이러한 사실들로 이루어져 있고 이러한 사실들을 언어로 표현하면 그것이 바로 세상이 된다는 것이지요. 예를 들면, '한 마리 고양이가 있다'는 언어의 표현은 '고양이 한 마리'와 '있다'는 뜻이 서로 관계를 맺어 하나의 사실을 말해 주지요.

　조금 더 복잡한 명제를 예로 들면, '세 마리 고양이가 회색 지붕 위에서 서로 놀고 있다'는 말은 '고양이 세 마리', '회색', '지붕', '위' 그리고 '논다'는 것들이 서로 관계를 맺고 있다는 사실을 말해 줍니다. 이런 방식으로 언어 세계를 설명할 수 있다고 생각한 비트겐슈타인은 언어를 정확히 사용하면 그에 해당하는 세계를 설명할 수 있다고 보았습니다. 그의 말에 따르면, 언어를 통해서 세계를 설명할 수 있다는 거지요. 결국 우리가 아는 언어는 우리가 알 수 있는 세계를 보여 주는 것이 된다는 것입니다.

우리가 언어를 통해서 알 수 없는 세계는 보여 줄 수 없는 세계가 되는 것이지요. 언어가 가지는 한계는 곧 세계가 갖는 한계가 되기도 합니다. 언어의 기능은 보여 줄 수 있는 세계를 정확히 보여 주는 것이지요. 이것을 언어의 '그림 이론' 이라 합니다.

다시 말해 사람들은 자신이 알고 있는 언어로 세계를 그리는 셈이지요. 우리는 '비가 온다' 는 말을 사용하는데, 이 말을 통해서 '비가 오는 세계' 를 그리는 것입니다. 그리고 저기 저 복사꽃 한 송이에 대해서는 '보랏빛', '꽃', '하나라는 수' 와 '피다' 라는 개념으로 복사꽃을 언어로 말할 수 있습니다. 즉 그릴 수 있다는 의미를 지닌 것이지요. 이것을 좀 더 쉽게 생각해 봅시다.

언어 ——————— 세계(사실)

하나 ⌐
복사꽃 │
보라색 │ ——————— 복사꽃 한 송이가 피어 있다.
피다 ⌐

'복사꽃 한 송이가 피어 있다' (언어적 표현) = '복사꽃 한 송이가 피어 있다' (있는 그대로 사실)

이와 같이 사물들이 특정 관계를 맺고 있는 세계를 이루고 있는 사실들은 명제와 기호들에 의해서 그려지게 됩니다. 따라서 명제는 사실들에 대한 그림인 셈입니다.

하나의 사실이 있고, 그 사실을 언어로 그린다면 언어와 사실들이 서로 일대일로 만나게 되고, 그래서 서로 대응하게 되는 것이지요. 저기 복실이가 있고, 뛰어가고…… 그런 사실들을 언어로 쓰게 되면 복실이가 뛰어가는 세계가 그려진다는 말이지요. 다시 말해 사람들이 싸우고 사랑하고 일하고, 새들이 날아가고, 날씨가 더워진다는 일련의 모든 사실들이 언어로 그려진다면 모든 세계는 결국 언어로 표현됩니다. 따라서 사실의 세계에 맞는 언어의 세계가 생기고, 이때 생기는 언어의 세계가 사실들의 세계를 정확히 그릴 수 있다면 '언어의 세계'와 '사실의 세계'가 서로 정확히 들어맞는다면, 그게 바로 진리가 되는 것입니다.

세계의 사실들을 모두 언어로 그릴 수 있다고 생각한 비트겐슈타인

은 "언어로 그릴 수 있는 세계에 대해서는 정확히 그리고, 그릴 수 없는 사실의 세계에 대해서는 침묵하라"고 했습니다. 즉 말할 수 있는 것에 대해서는 정확히 말하고, 말할 수 없는 것에 대해서는 함부로 말하지 말라는 뜻이지요. 말할 수 없는 것을 억지로 말하려고 할 때 사람들은 철학이라는 이름으로 사실이 아닌 것을 말하게 되고 혼란과 거짓에 빠지게 된다는 것입니다.

천우신조

 철학은 문장들 안에 있지 않고 언어에 노정(路程)되어 있다.

−비트겐슈타인

1 공항에서 만난 사람

해이는 고민, 또 고민 끝에 샌드위치를 사기로 합니다. 물은 공항 어딘가에 있을 것도 같습니다. 식수를 찾다가 못 찾으면 눈 딱감고 화장실에서 수돗물이라도 먹을 생각입니다. 하여튼 지금은한 푼이라도 아껴야 하니까요.

샌드위치를 사서 빈자리를 찾습니다. 배가 고파서 눈 깜짝할 사이에 먹습니다. 아쉽습니다. 하나만 더, 딱 하나만 더 먹고 싶습니다. 또 고민합니다.

'그냥 하나 더 먹을까? 금강산도 식후경이라고 했고, 먹다 죽은 귀신 때깔도 곱다고 했는데. 아냐, 그러다가 샌드위치 값만큼 돈이 부족하면 어떡해?'

해이는 참기로 합니다. 여기까지 와서 배고픔에 질 수는 없습니다. 배고픔을 잊기 위해 공항 안을 이리저리 걷습니다. 많은 사람들이 있지만 해이가 아는 사람은 아무도 없습니다. 해이를 알아보는 사람도 아무도 없습니다.

외롭고 고독합니다. 그래서 해이에게는 여기가 바로 세상의 끝입니다. 해이에게는 자신이 갈 수 있는 가장 먼 곳이 세상 끝이기 때문입니다. 장소의 문제가 아닙니다. 마음의 문제입니다.

비행기를 타고 외국으로 갈 수 없다는 것 정도는 처음부터 알고 있습니다. 해이는 한 번도 외국에 나가 본 적이 없습니다. 설령 혼자 비행기를 탄다 한들 외국 어디를 가서 어떻게 돌아와야 할지 그게 더 무섭습니다. 말도 안 통하는데 누구한테 물어볼 수도 없을 겁니다.

말이 통하지 않는 곳에 혼자 있다는 상상만으로도 해이는 심장이 벌렁벌렁하고 식은땀이 납니다. 식구들은 다 제멋대로이지만 그래도 말을 주고받을 순 있습니다. 전혀 다른 말을 쓰는 것과는 하늘과 땅 차이입니다.

"What are you doing here?"

난데없는 외국어에 해이는 펄쩍 뛸 정도로 놀랍니다.

"Can you speak English?"

외국인 남자 두 명이 해이를 보고 있습니다. 뭔가 계속해서 열심히 말하는데 해이는 뭐라고 하는지 하나도 알아들을 수가 없습니다. 대답을 해 주고 싶은데 말이 입 밖으로 나오지 않습니다. 말은 커녕 소리도 안 나옵니다. 마치 고장 난 스피커 같습니다.

"He is my brother. Why?"

뒤에서 소리가 들립니다. 해이는 얼른 뒤를 돌아봅니다. 아까 싸우던 형제가 해이를 보고 웃고 있습니다. 엉겁결에 해이도 따라 웃습니다.

"어디 갔었어? 아무 데나 돌아다니지 말라고 했잖아."

누군지 알 수 없는 형이 해이의 어깨를 감쌉니다. 형은 외국인과 몇 마디 더 주고받더니 손까지 흔듭니다. 동생도 따라 흔듭니다. 덩달아 해이도 흔듭니다. 외국인들도 흔듭니다. 서로가 보이지 않을 때까지 열심히 손을 흔듭니다.

"큰일 날 뻔했다. 저 사람들 아까부터 널 계속 보고 있었다고."

동생이 말합니다. 해이는 놀라서 동생을 바라봅니다.

"나를? 왜?"

"그야 모르지. 멍해 보여서 데려다 기르려고 한 건지."

형이 말합니다. 냉랭한 말투가 꼭 해류 같습니다. 해이는 아무
말도 못하고 쳐다보기만 합니다.

'그럼 이것이 말로만 듣던 국제 인신매매? 설마 나를?'

"형, 그러지 마. 놀라잖아."

동생이 형을 나무라더니 한 대 툭 때리기까지 합니다.

"시끄러. 남 일 참견하는 건 좋은데 너나 잘 챙겨. 툭하면 길이나 잃어버리는 주제에. 야, 땅꼬마. 내 동생 아니었으면 넌 벌써 잡혀 가서……."

"에이, 형! 그러지 말라니까. 놀랐지? 저 사람들 왠지 수상해 보이고 네가 곤란한 듯해서……."

해이는 말도 못하고 고개만 숙입니다. 어쩌면 정말 큰일 날 뻔했습니다. 잡혀가서 평생 잡초 뽑기만 할 수도 있는 노릇이니까요. 그것만은 절대 사양입니다. 형이 해이를 바라보더니 질문을 하기 시작합니다.

"그런데 너 혼자야?"

"네."

"뭐야, 가출 소년?"

"……."

"으악! 이럴 줄 알았어. 신조, 네가 참견하는 일마다 꼭 이렇더라."

"천우 형, 그래도 곤란해 보이는데 도울 수 있으면 도와야지."

"그래서 네가 주워 온 강아지만 세 마리고, 고양이 두 마리에 지난번에는 앵무새를 데려오더니 이번엔 인간이냐?"

형 이름이 천우이고 동생 이름이 신조인가 봅니다. 천우신조? 해이는 슬며시 웃습니다. 해이네 식구 못지않은 이름입니다.

"뭐야, 너 지금 우리 이름 듣고 웃었지?"

해이는 아차 싶어서 얼른 사과합니다.

"아, 그게 되게 독특한 이름이어서…… 절대 이상하거나 놀리려고 그런 건 아냐."

"시끄러. 네 이름은 뭐가 그렇게 대단해서 남 이름을 듣고 웃는 거야. 땅꼬마, 네 이름이 뭐야?"

하여튼 이놈이나 저놈이나 왜 다들 땅꼬마라고 부르는지 아무리 생명의 은인이라고 해도 해이는 속상합니다. 게다가 이 형은 분위기며 말투가 어찌나 해류랑 비슷한지요.

"해이인데요. 강해이."

"강해이?"

천우가 갑자기 해이를 뚫어지게 바라봅니다. 눈을 내리깔고 이리저리 훑어보는 것도 모자라서 해이의 주위를 빙글빙글 돌면서 바라봅니다.

"너 형 있지?"

"네."

"그놈 이름이 강해류지?"

"네. 근데, 그걸 어떻게 아세요? 우리 둘째 형인데요."

갑자기 천우가 웃음을 터뜨립니다. 해이는 도무지 천우가 왜 웃는지 영문을 모릅니다.

"하하하. 해류가 늘 말하던 귀여운 동생 해이가 바로 너란 말이지? 해류가 왜 그렇게 괴롭혀 주고 싶어 하는지 알 만하다. 하하하."

이건 또 무슨 소리입니까? 귀여운 동생이라니요? 정녕 그 사악대마왕 해류가 입 밖으로 꺼내 한 말이 맞단 말입니까? 도대체 이 사람은 누구란 말입니까?

"혹시 나 온다는 얘기 못 들었니?"

"글쎄요……."

"……."

"아, 그럼 내일 영국에서 온다는 해류 형 친구가 바로?"

"빙고. 어쩌다 보니 일정이 당겨져서 하루 일찍 도착했어. 그런데 너 진짜 가출했냐?"

"아, 아니…… 그건……."

"보나마나 또 해류가 괴롭혔겠지? 참, 녀석도 예쁘면 예뻐할 것이지 더 못살게 군다니까. 변태 놈 같으니라고."

헉! 해류에게 서슴없이 변태라고 하는 이 생물은? 해이는 자신이 하고 싶었던 말을 거침없이 하는 천우를 경이의 눈으로 바라봅니다. 이 생물은 해류와 맞먹거나 어쩌면 레벨이 더 높은 자일지도 모릅니다. 하여튼 끼리끼리라더니 해류는 친구마저도 동족입니다.

2 비트겐슈타인

천우와 신조와 해이는 나란히 공항 안 의자에 앉아 있습니다. 천우가 시원한 주스를 사 줍니다. 신조는 조심조심, 해이는 벌컥벌컥 주스를 마십니다. 해이가 다 마시고 나자 신조가 자기 것을 줍니다. 해이는 신조 것도 마십니다. 어찌나 목이 말랐는지 체면이고 뭐고 차릴 것도 없습니다.

"붕어냐?"

해이는 눈을 동그랗게 뜹니다. 어버어버, 무슨 말을 해야 할 텐데.

"붕어 맞네. 눈은 동그랗고 입은 벙긋벙긋."

천우가 씩 웃습니다. 으아아아악! 영락없는 해류의 웃음입니다. 친구라더니 웃음마저 닮을 수가!

"자 이제 다 불어 봐. 안 그러면 도로 갖다 버린다."

"그러니까 그게요……."

어디서부터 이야기를 해야 할지 감이 잡히지 않습니다. 게다가 천우는 해류 친구입니다. 형 욕을 함부로 할 수도 없습니다.

"괜찮아. 말은 막 해도 천우 형은 되게 상냥하니까 마음 놓고 말해도 돼."

"누…… 누가 상냥하다는 거야!"

해이는 신기한 듯 형제를 바라봅니다. 말은 이러쿵저러쿵 해도 사실 천우는 신조한테 꼼짝 못하는가 봅니다. 해이는 신조가 너무 부럽습니다.

"땅꼬마! 붕어! 빨리 말 안 해?"

어휴, 식구들로도 부족해서 천우한테마저 밥인가 봅니다. 해이는 잠시 생각을 가다듬고 잡초 뽑기 사건부터 이야기하기 시작합니다. 천우와 신조는 중간 중간 웃기도 하고 어이없어 하기도 하고 거품도 물고 해류 욕도 합니다.

해이는 열심히 듣는 두 사람 앞에서 어느새 술술 말합니다. 버스를 타고 세상 끝에 오던 일이며, 사물과 이름의 관계를 생각한 일이며, 말의 어려움까지 다 이야기를 하고 났을 무렵, 해이는 가슴속 답답한 모든 것을 다 풀어낸 듯 시원해짐을 느낍니다.

"아, 그랬구나. 해이는 정말 대단해."

신조가 반짝반짝 빛나는 눈을 하고 해이를 바라봅니다.

"응? 뭐가?"

"혼자서 그런 생각을 다 하고. 정말 대단해."

해이는 뜻밖의 칭찬에 부끄러워집니다. 신조가 말하는 것을 들으면 이상하게 마음이 편해집니다. 신조는 특별히 말을 잘하는 것도 아닌데 듣는 사람을 안심시키는 힘이 있습니다.

"뭐, 그다지 대단한 건 아니야."

"그러고 보니 네가 말한 건 비트겐슈타인의 철학과 비슷하네. 혹시 비트겐슈타인 읽었니? 나도 참 좋아 하는 철학자인데."

"비트? 뭐시기?"

해이는 이름도 어렵기 그지없는 철학자를 좋아 한다는 신조를 눈이 휘둥그레져서 바라봅니다. 자신이 생각한 걸 먼저 생각한 사람이 있었다고 생각하니 맥이 빠집니다. 하지만 같은 생각을 한 사람이 있다니 반갑기도 합니다.

"비트겐슈타인. 그 사람은……."

"야, 인마! 다 너 같은 줄 아냐? 애는 초등학생이라고!"

"어? 신조는 초등학생 아냐? 나랑 동갑이라고 했잖아."

"동갑은 동갑이지. 학년이 달라서 그렇지."

웃기만 하는 신조 대신 천우가 대답합니다.

"그럼 중학생? 영국에선 일찍 학교에 들어가는 거야?"

영국에선 중학생부터 철학 공부를 하나? 정말 힘들겠다고 생각하는 해이입니다. 철학이 뭔지 몰라도 해신의 방에 그 비슷한 책들이 잔뜩 있던 것을 생각합니다.

'해신 형 속은 아무도 몰라. 심지어 엄마도 모른다고 했으니까. 내가 어렸을 땐 잘 놀아 주기도 했는데…… 그게 다 철학인지 뭔지 하는 것 때문인가?'

해이는 신조가 걱정입니다. 어렸을 땐 그저 팡팡 놀아야 한다고 아빠가 늘 말했기 때문입니다. 어릴 때 놀지 않으면 커서도 놀지 못하고 잘 놀 줄 아는 사람이 뭘 해도 잘한다고 말입니다.

아빠가 말하는 잘 노는 것이 뭔지는 모르지만 어쨌든 해이는 실컷 놀아서 좋습니다. 공부해라, 성적 잘 받아 와라, 옆집 애는 이번에 몇 등을 했던데, 라는 소리는 엄마 아빠한테선 절대 나오지 않습니다. 대신 엄마는 이런 소리를 하지요. '설거지! 빨래! 청소! 심부름! 안마!'

하지만 그런 엄마도 책 읽는 사람은 건드리지 않습니다. 아주 급하거나 화가 났을 때를 빼고는요. 그래서 해이는 어려서부터 책을 많이 읽습니다. 처음엔 일을 안 하려고 꾀를 부린 것이었는데 읽다 보니 점점 재미가 있습니다.

그래도 '비트겐슈타인'은 처음 듣는 이름입니다. 신조는 해이보다 책을 더 많이 읽나 봅니다. 해이는 신조가 궁금해집니다.

"중학생이 철학 공부를 하려면 힘들겠다."

"누가 중학생이야? 신조는 대학생이야."

해이는 자기 귀를 의심합니다. 천우가 잘못 말한 게 아닐까요? 해이랑 동갑인 신조가 대학생이라니요? 놀란 얼굴을 하는 해이에게 별거 아니라는 듯 신조가 말합니다.

"하지만 배우는 처지는 초등학생이나 대학생이나 매한가지야."

'노노노! 그게 어떻게 같냐고!'

해이는 입이 떡 벌어집니다. 어쩐지, 해이는 고개를 끄덕입니다.

"정말 대단한 건 너잖아."

"야, 감탄만 하고 있을 때냐? 집에 안 가?"

해이는 천우가 옆에서 으르렁대든지 말든지 이미 들리지 않습니다. 그보다는 자기랑 비슷한 생각을 한 비트겐슈타인이 궁금했습니다. 또한 신조에게 물어보고 싶은 게 너무 많았습니다. 신조와 해이는 금방 이야기꽃을 피웁니다.

"비트겐슈타인이 누구야?"

"오스트리아 철학자야. 언어철학을 연구했지. 부모가 굉장히 부자였기 때문에 풍요로운 생활을 할 수도 있었는데 그 많은 유산을 다 거부하고 진리만을 위해 평생을 소박하고 검소하게 살았어."

옆에서 재촉하던 천우도 이젠 모르겠다는 듯 어깨를 으쓱하더니 둘의 이야기에 귀를 기울입니다. 역시 천우는 신조 말대로 상냥한가 봅니다. 해류 같으면 어림도 없는 일입니다. 가자는 말도 없이 벌써 저만치 질질 끌고 가고 있을 테니까요.

3 말들의 세계

신조가 들려준 이야기는 해이를 사로잡습니다. 신조는 어렵고 지루한 이야기는 재미있는 예를 들면서 쉽게 이야기해 줍니다. 들으면 들을수록 그저 놀라울 따름입니다.

"아까 네가 버스 정류장에서 동네 이름을 불러 보았다고 했지? 그리고 하늘이며 나무며 구름은 이름일 뿐 사물 자체는 아니라고 생각했고."

"응. 내가 해이라는 이름이 아니어도 나는 나인 것처럼 신조 너

비트겐슈타인이 들려주는 언어 이야기

도 신조라는 이름으로 불리지 않는다고 해서 네가 아닌 건 아니잖아."

"맞아. 이름이 중요하지 않은 건 아니지만 이름이 사물 자체는 아니니까."

"그럼 세상은 사물로 이루어진 거야? 이름으로 이루어진 거야?"

"그건 어려운 질문인걸."

신조는 방긋 웃더니 잠깐 생각에 잠깁니다. 해이도 생각에 잠깁니다. 자신이 너무 바보 같은 질문을 한 건 아닌지 은근히 걱정됩니다. 천우는 조용히 손을 턱에 대고 고개를 숙인 채 생각에 잠겨 있습니다. 로댕의 '생각하는 사람'이라는 조각상을 닮았습니다. 뭔가를 알아냈는지 가끔 고개를 끄덕입니다.

"자고 있는 거야."

"헉!"

해이는 다시 천우를 바라봅니다. 도무지 자고 있는 사람이라고 생각할 수 없을 정도로 완벽한 자세였습니다. 세상에나! 놀랍습니다! 대단합니다! 그보다 이렇게 시끄럽고 어수선한 곳에서 이렇게 평온하게 잠잘 수 있다니!

"수업 시간에 들키지 않고 자는 건 자기밖에 없다고 늘 자랑하는걸."

신조가 웃음을 참으며 조용히 말합니다.

천우를 깨우지 않으려고 일부러 조심스럽게 말합니다. 천우도 신조도 서로를 굉장히 아끼는 것을 알 수 있습니다. 해이는 갑자기 해신과 해류가 생각납니다. 해라도 보고 싶어집니다.

"좀 전에 네가 한 질문 말인데, 세상은 분명 사물로 이루어져 있지. 우리 눈에 분명하게 보이는 것들이 있잖아?"

"응. 그건 확실해."

"하지만 사물들만으로 세상을 다 설명할 순 없을 거야. 눈에 보이지 않는 것도 있으니까. 혹은 우리가 알지 못하지만 분명히 존재하고 있는 것도 있을 테니까."

해이는 고개를 끄덕입니다. 공기라든가 귀신이라든가 분명 보이지 않고 들리지는 않지만 없다고 할 수는 없으니까요.

"비트겐슈타인은 우리가 세상을 알려면 먼저 언어가 무엇인지 알아야 한다고 했어. 세상이 어떤 것인지 언어로 표현해야 하니까. 그런데 언어는 복잡하잖아? 한국어, 영어, 일본어, 중국어, 아프리카어, 아랍어 등 종류만 해도 엄청나고 또 그 언어마다 셀 수 없이 많은 단어들이 있고 그 단어들마다 쓰임새가 다 다르지."

해이는 생각만으로도 눈이 핑핑 돕니다.

우리말 하나 제대로 쓰기도 어려운데 그 많은 언어를 다 배워야 한다니 벌써부터 걱정입니다.

"그런데 세상 모든 언어를 다 배울 수는 없지."

신조가 해이의 생각을 읽은 듯 말합니다. 휴, 다행입니다.

"그래서 비트겐슈타인은 그 언어를 이루는 기본은 무엇이냐를 생각했어."

"언어를 이루는 기본?"

"응. 말하자면 뼈대 같은 것이라고나 할까?"

신조와 해이는 공항 천장을 바라봅니다. 순간 해이의 머릿속에 반짝, 하고 전구가 켜집니다.

"아하! 건물의 기본 구조 같은 거야? 우선 기틀을 잡고 거기에 벽도 세우고 유리창도 붙이잖아."

"맞아. 언어의 기본은 생각이나 사실을 표현하는 거니까 가장 간단한 생각을 표현하는 것부터 시작하는 거지. 예를 들면 지금 날씨가 맑으면 '날씨가 맑다'라고 표현해. 그럼 하나의 단순명제가 만들어지는 거야."

"단순명제?"

"철학에서 쓰는 말인데 '어떤 것을 주장하는 내용이 담긴 문장'을 명제라고 해. 쉽게 말하면, 가장 간단한 생각을 표현하는 걸 명제라고 보면 돼. '날씨가 맑다' 라는 문장은 사실을 설명하는 단순한 명제니까 단순명제라고 한 거지."

"아, 그렇구나."

"이런 생각을 바탕으로 비트겐슈타인은 세상은 가장 단순한 명제들로 설명할 수 있다고 보았어."

"그건 사물에 대한 설명인 거야?"

"사물이라기보다는 사실이라고 해야겠지. 아까 세상은 사물로 이루어져 있다고 했지?"

"응. 하지만 사물 자체가 세상은 아니라고도 했는걸."

"그래. 그럼 이렇게 표현하면 어떨까? 세상은 사실로 이루어져 있다고. 다시 말하면, 사실을 언어로 표현하면 세상이 된다는 것이지."

해이는 고개를 끄덕입니다. 아직 어렵지만 조금은 알 것도 같습니다. 사물과 사실은 엄연히 다르니까요.

"해이야, 네가 공항에 올 때 버스를 타고 왔다고 했지?"

"응. 공항 리무진."

"네가 버스를 탄 건 너와 버스가 관계를 맺은 거라고 볼 수 있을까?"

"그렇지. 분명히 관계를 맺은 거지. 내가 그 버스를 타지 않았으면 아무 상관없었겠지만."

"그럼 다시 생각해 보자. 네가 있는 것도 사실이고 버스가 있는 것도 사실이야. 그러니까 세상은 사실들로 이루어져 있지. 그런데 사실이란 사물들이 어떤 관계를 맺는 거니까 이 관계들을 언어로 표현하면 세상을 알 수 있지 않을까?"

"그럼 언어가 우리에게 세상을 보여 주는 거야?"

신조는 고개를 크게 끄덕입니다.

해이는 뭔가 신기한 것이 가슴속에서 솟아오르는 것을 느낍니다. 말이라는 것이 해이의 가슴에 작은 뿌리를 내리고 무럭무럭 자라는 것 같습니다.

"비트겐슈타인은 세상을 언어로 모두 그릴 수 있다고 생각했어. 그래서 이런 말을 남겼지. 말할 수 있는 것에 대해선 정확히 말하고 말할 수 없는 것에 대해선 침묵하라."

해이는 신조의 말을 가슴속 깊이 새깁니다. 알지 못하는 것을 알

은척 말하거나 말할 수 없는 것에 대해 억지로 말하려고 할 때 세상은 혼란과 거짓에 빠지는 건 아닐까 생각합니다. 옆에서는 천우가 생각하는 사람 자세로 여전히 쿨쿨 자고 있습니다. 마치 말할 것이 없어 침묵한다는 듯이 말입니다.

언어의 생명은 그 쓰임이다

　비트겐슈타인은 분명한 언어로 세계를 정확하게 그리면 된다고 생각했는데 그것만으로는 2%가 부족하다면서 고민하게 됩니다. 언어는 세계를 정확히 설명하면 된다고 생각하면서도 언어가 실제로 사용되고 있는 생활은 전혀 생각하지 않았다는 것을 깨닫게 된 것이지요. 다시 말하면, 우리는 언어를 생활 속에서 사용하고 있기 때문에 언어의 뜻은 우리가 사는 생활 방식과 밀접한 관계를 가질 수밖에 없다는 것이지요. 그리고 이 관계들은 불분명해서 심지어는 혼란에 빠진 경우도 있으니까요. 그래서 세계를 설명하는 언어를 분명히 알기 위해서는 그 언어를 사용하는 사람의 생활 습관과 행동을 함께 연구해야 된다고 생각하게 됩니다. 그렇게 해서 비트겐슈타인은 불분명하게 생각되었던 옛 생각으로부터 벗어날 수 있는 길을 찾게 되지요. 이에 대해서 그는 언어라는 안개 속에 갇혀 있었다고 말합니다. 이 언어의 안개 속에서 벗어나기 위해서 언어의 수수께끼를 풀려고 합니다.

그래서 비트겐슈타인은 세계의 구조와 언어의 구조가 서로 일치한다는 처음의 생각을 버리게 됩니다. 여기서 그는 언어가 한 가지 뜻만 갖는 것이 아니라 다양한 의미를 갖게 된다는 것을 밝히고(언어 의미의 다양성) 세계를 정확히 알기 위해서는 그 언어가 어떤 의미로 사용되었는가를 아는 것이라고 말하게 됩니다. 쉽게 말하면, 언어는 안개로 둘러싸여 있기 때문에 그 안개를 벗기는 것이 바로 철학이라고 생각하게 되었지요. 이를 위해서는 언어가 어떻게 사용되고 있는가를 연구해야 한다는 이론을 말하게 되지요. 이것을 '언어의 사용 이론'이라 합니다.

　비트겐슈타인은 우리가 살고 있는 세계 안에서 언어가 잘못 사용됨으로써 많은 문제가 생긴다고 생각했습니다. 사람들이 서로 옳다고 다투는 경우를 보면 언어를 서로 잘못 사용하고 이해한 데서 오는 경우가 많습니다. 그래서 철학의 수수께끼도 문법을 잘못 사용하거나 사용하는 언어를 잘못 이해한 결과라고 생각하게 되지요. 그래서 이제 철학이 해야 할 중요한 일은 새로운 어떤 사실을 찾아내는 것이 아니라 그저 언어를 잘못 사용함으로써 '더러워진 방을 깨끗이 정돈하는 일', 즉 잘못 사용된 언어를 바르게 사용하도록 하는 사소한 일을 발견하는 것이라고 말했어요.

　결론적으로 말하면, 비트겐슈타인의 철학은 사람들의 생각을 분명하고 확실하게 하는 방법을 찾는 일이 되었지요. 그에 의해서 철학은 사람들의 생각을 분명하게 하는 활동으로 이해된 것이에요. 생각을 분명하게 하기 위해서 비트겐슈타인은 '언어 게임' 이라는 기술을 발명하게 됩니다.

신기한, 재미있는, 궁금한

 말(言) 뒤에 있는 의미는 보통 언어 소통에서는 별문제가 되지 않는다. 말은 스스로 흘러가고 말로부터 행위로, 행위로부터 말로의 전이 과정들이 만들어진다. 우리가 계산할 때 '충분히 생각하고' 계산하는지 '앵무새처럼' 계산하는지에 대해 아무도 생각하지 않는다.

—비트겐슈타인

1 하나 속의 여럿

깊은 잠에서 깬 천우가 기지개를 켭니다. 해이와 신조는 잠시 비트겐슈타인을 미뤄 두고 다른 일로 수다 떨기에 바쁩니다. 신조는 쭉 영재교육을 받았고 곧 대학원 과정에 들어간다고 합니다. 전공은 비트겐슈타인. 대학원에 들어가기 전에 잠깐 시간이 비어서 방학을 한 천우를 따라 한국에 온 것이라고 합니다.

해이는 몇 번이나 감탄하며 동갑내기 친구를 바라봅니다. 천재임이 분명한 이 친구는 세상을 어떻게 바라보고 있는 걸까요? 마치 비트겐슈타인이 눈앞에 있는 듯 해이는 신기하게 바라봅니다.

신조가 화장실에 간다고 일어나자 천우가 따라가려는 듯 일어납니다. 신조가 괜찮다고 고개를 젓습니다. 화장실은 앞으로 쭉 가다가 오른쪽으로 돌면 있습니다. 해이가 앉은 자리에서도 잘 보입니다.

"천우 형은 여기에서 해이를 잘 지켜 줘. 또 이상한 사람들이 오면 어떡해. 해류 형 동생이니까 무사히 집에 도착하기 전까진 우리 책임이라고."

"하지만 너 또……."

"걱정 말라니까. 여기서도 화장실이 뻔히 보이잖아."

"하지만 너 또……."

"알았어, 아무것도 안 주워 올게. 이제 됐지?"

몇 번이나 다짐을 하고 천우는 신조를 보냅니다. 해이도 화장실을 가고 싶지만 참습니다. 천우를 혼자 두고 갔다간 신조가 걱정할 것 같습니다.

'한 사람씩 교대로 다녀오면 되겠지.'

해이는 잘 다녀오라고 손까지 흔듭니다.

"휴, 정말 괜찮겠지? 여기서 잘 지켜보면 되니까."

천우는 신조를 계속 바라보고 있습니다.

"그 녀석 엄청난 방향 치라니까. 몇 년을 다녔는데도 여전히 산동네 길도 잘 모른다고."

"예에? 아이큐가 그렇게 높은 데도요?"

"머리만 좋으면 뭐하냐. 마음은 물러 터졌지, 길은 하나도 모르지, 정말 사는 데 도움이 안 된다고."

"......"

"헤이야, 신조랑 친구가 되어 줘. 머리 좋은 걸 이용하거나 신기한 생물 바라보듯 대하는 게 아니라 그냥 평범한 친구."

헤이는 천우를 바라봅니다. 천우는 잠시 망설이다가 얘기를 계속합니다.

"사실, 저 녀석 속 편히 웃고 있지만 상처가 많아. 어렸을 때부터 남달랐던 데다가 왕따도 당하고, 속는 일도 많고, 제대로 된 친구 하나 없이 외롭게 자랐어. 엄마 아빠는 내가 어렸을 때 이혼했기 때문에 신조는 엄마랑, 나는 아빠랑 살고 있거든. 두 분 다 바쁘셔서 나랑 신조는 혼자 자란 거나 다름없어. 난 성격이 이래서 그럭저럭 적응하고 사는데 저 녀석은 안으로 파고드는 성격이라 자주 보려고 노력하지만 아무래도 같이 사는 거랑은 다르니까. 친구,

식구, 학교…… 어쩌면 가장 평범한 건데도 신조는 그 평범한 걸 하나도 갖지 못했어."

"하지만 형이 있잖아요. 떨어져 있어도 헤어진 건 아니잖아요. 식구는 마음이 중요한 거지 한집에 사는 게 전부는 아닌걸요."

천우는 놀란 눈으로 해이를 바라봅니다. 눈을 가늘게 뜨더니 살짝 웃습니다. 웃을 때 드러나는 덧니가 귀엽습니다. 소리 지르고 놀리는 천우보다 웃는 천우가 백 배는 더 멋있습니다.

"그리고 이젠 친구도 생겼잖아요. 제가 좋은 친구가 될 테니까. 신조가 똑똑한 건 신조의 일부분이지 전부는 아닌걸요. 사람한테는 여러 가지 다른 점이 있고 완벽한 사람은 없다고 아빠가 그랬어요. 누구나 좋은 점이 있으면 나쁜 점도 있는데 어느 한 가지만 보면 안 된다고요. 이런 부분 저런 부분이 모두 모여 한 사람을 이루는 거라고요."

천우의 웃는 얼굴이 더 환해집니다. 해이도 따라 웃습니다. 웃음은 전염성이 있나 봅니다. 해이는 그제야 천우가 아까 신조를 막 야단쳤던 게 생각납니다. 얼마 전 일인데도 오래전 일처럼 느껴져 자꾸 웃음이 납니다.

마치 자기에게 하는 소리처럼 들려서 잔뜩 겁을 먹었던 일이며 샌드위치랑 주스 중 무엇을 먹을지 고민했던 일이 새록새록 떠오릅니다. 그러고 보니 신조도 치즈 버거랑 새우 버거를 놓고 고민한다고 천우한테 혼나고 있었습니다.

어수룩한 것도 그렇고 어딘지 자기랑 비슷한 것 같아 해이는 신조가 더 가깝게 느껴집니다. 아무리 신조가 똑똑해도 신조는 해이처럼 아직 어린애입니다. 해이는 신조랑 친구가 되어서 너무 좋습니다. 집에 가면 실컷 놀 생각입니다. 잡초 뽑기라도 같이하면서요.

"그런데 천우 형은 어떻게 해류 형이랑 친구가 되었어요? 그 사악 대마왕……."

해이는 얼른 손으로 입을 막습니다. 해류 귀에 들어가기라도 하면 끝장입니다. 다행히 천우는 화장실에서 막 나온 신조에게 손을 흔드느라 듣지 못한 것 같습니다. 그런데 신조는 천우를 보지 못한 것 같습니다. 잠깐 어리둥절한 표정이더니 어디로 가야할지 망설입니다.

"어이어이! 여기라고 여기!"

어쩜, 너무 심합니다. 바로 앞으로 쭉 오기만 하면 되는데 왼쪽으로 가고 있습니다. 천우가 바람처럼 날아갑니다. 신조를 잡고 한참 잔소리를 하는 것 같습니다. 해이는 방금 전 모습이 생각나서 또 웃습니다.

'어?'

해이는 갑자기 의문이 생깁니다. 뭔가 이상합니다. 분명히 사실은 언어로 표현할 수 있다고 했는데 꼭 그렇지만은 않은 것 같습니다. 천우가 신조에게 했던 말을 해이는 자기에게 한 말로 들었지만 사실은 해이에게 한 말은 아니니까요.

사실과 언어가 반드시 일치하는 것은 아닌 걸까요? 사람에게 여러 가지 면이 있듯 언어도 한 가지 뜻만 있는 것은 아닌 걸까요? 상황에 따라 같은 말이 다르게 쓰이기도 하는 걸까요?

해이는 신조에게 다시 물어보고 싶은 게 잔뜩 생깁니다. 신조는 천우에게 손을 잡힌 채 엄청난 잔소리를 들으며 끌려오고 있습니다. 하지만 환하고 밝은 얼굴입니다. 잔소리쟁이 천우를 무척이나 좋아 하는 게 틀림없습니다.

2 우리 별에 놀러 와

천우와 신조와 해이는 공항버스를 기다립니다. 해이는 용감하게 집을 나왔지만 집으로 다시 들어간다고 생각하니 걱정이 됩니다. 하긴 하루도 지나지 않았으니 가출이라고 할 것도 없지만요. 혼나 봤자 잡초 뽑기밖에 더 하겠어요.

"형 왔다고 전화 안 해요? 해류 형 엄청 기다리는 눈치던데."

"전화는 뭐하러 하니? 귀찮게."

"그래도……"

"어차피 집으로 가는 거지?"

"네."

"그사이에 집이 없어지진 않겠지?"

"네."

"집엔 누군가 있겠지?"

"네."

"없으면 올 때까지 기다리면 언젠가는 오겠지?"

"네."

"그럼 가자."

"네."

역시 이 기이한 생물을 보통 인간으로 잠시 생각했던 것이 잘못입니다.

해이는 신조 손을 꼭 잡고 있습니다. 동생으로서의 동질감이 무럭무럭 피어납니다. 해류와 천우는 지구인이 아닐지도 모릅니다. 동생을 숙주로 두어야 살아남을 수 있는 외계 생명체는 아닐까요?

'너도 이런 생물을 형으로 두고 용케 잘 살아왔구나. 나도 사악 대마왕을 형으로 두고 얼마나 힘들었는지 몰라.'

버스에 타자마자 천우는 창가에 머리를 두고 생각에 잠깁니다. 버스가 흔들릴 때마다 귀를 덮은 긴 머리칼이 찰랑찰랑 흔들립니다. 살짝 웃고 있는 천우는 뭔가 즐거운 일이 있나 봅니다. 해류를 만나서 무엇을 하고 놀지 생각하는 걸까요?

"자고 있는 거야?"

"헉!"

해이는 다시 천우를 바라보다 또 한 번 놀랍니다. 이렇게 눈부시

게 웃으며 잘 수 있는 사람은 이 지구에선 아빠뿐이라고 생각했으니까요.

"예쁘게 웃는 얼굴로 자는 건 자기밖에 없다고 늘 자랑하는걸."

'정말 이 생물체는 도대체 뭐지! 스스로 예쁘게 웃는 얼굴이라니!'

해이는 정말 강적이라고 생각합니다. 어떻게 해류와 천우가 만나서 친구가 될 수 있었는지 너무 궁금합니다. 아무리 생각해도 둘 다 재수 없어, 라고 생각했을 것 같습니다.

친구라는 건 신기하고 이상한 것인지도 모릅니다. 서로 다른 별에 사는 것 같은 존재가 만나 마음으로 통하는 사이가 돼 버리니까요.

해이는 천우와 해류가 나누었을 법한 대화를 생각해 봅니다.

해류: 넌 어느 별에서 왔냐?

천우: 몰라.

해류: 좋은 말할 때 불어라.

천우: 내가 말 안 해도 우리 별은 우리 별이겠지?

해류: 지금 쇼 하냐?

천우: 우리 별에 놀러 올 거냐?

해류: 귀찮아.

천우: 그럼 말 안 해도 우리 별이 우리 별인 건 변함없겠지?

해류: 시끄러.

천우: 너네 별에 놀러 갈까?

해류: 맘대로 해.

천우: 너네 별에 놀러 가도 우리 별은 우리 별 그대로겠지?

해류: 빨리 안 와! 이 자식아!

3 사실이 아냐

천우는 쿡쿡 웃으며 여전히 자고 있습니다. 저렇게 웃으며 자는 건 조금 무섭습니다. 하지만 보면 볼수록 신기합니다. 세상엔 참으로 신기한 일들이 많습니다. 신조와 친구가 되리라는 것도 오늘 아침까지, 아니 공항에 와서까지 몰랐으니 이것도 신기한 일이지요.

세상은 꼭 정해진 대로 굴러가는 것은 아닌가 봅니다. 그래서 더욱 재미있습니다. 어떤 일이 일어날지 모르기 때문에 기대할 수 있습니다. 두근거리는 마음으로 내일을 기다릴 수 있습니다.

"신조야, 아까 네가 화장실에 갔을 때……."

"아, 미안! 내가 엄청나게 심한 방향 치라서…… 정말 미안."

"아니, 그게 아니라, 궁금한 게 있어서. 네가 아까 세상은 사실들로 이루어졌고, 사실이란 사물들이 어떤 관계를 맺는 거니까, 이 관계들을 언어로 표현하면 세상을 알 수 있다고 했지?"

"응. 내 생각이 아니라 비트겐슈타인의 생각이지만."

"하지만 사실은 꼭 말이랑 일치하는 건 아닌 것 같아."

신조는 해이를 보며 빙긋 웃습니다. 해이가 너무 대견하다는 얼굴입니다.

"해이는 역시 대단해. 그건 어떻게 알았어?"

해이는 '샌드위치와 주스 고르기 사건'을 얘기해 줍니다. 누군가 자기에게 하는 말인 줄 알고 깜짝 놀랐는데 알고 보니 천우와 신조였다고. 그건 상황에 따라 달라지는 말일 수도 있는 게 아니냐고.

"음, 확실히는 모르겠지만, 우리 엄마는 밖에서 화가 나는 일이 있을 때마다 부르는 노래가 있는데 엄청 신나게 부르거든. 신나게 부를수록 열받았다는 증거야. 그럴 땐 아무도 옆에 안 가. 그거랑 비슷한 게 아닐까? 표현하는 것과 보이는 게 사실이 다는 아닐 수도 있다고."

"비트겐슈타인도 나중에야 그걸 알았어. 처음엔 사실과 언어가 일치해서 언어를 통해서 모든 것을 드러낼 수 있다고 믿었지만 점점 그게 아니라는 생각을 하게 되었거든."

"어? 정말?"

"응. 사람은 다양한 현실 속에 살고 있기 때문에 다양한 언어를 쓰는데 상황에 따라 그 뜻이 달라진다는 거지. 아까 네가 들었던 건 사실 너랑은 상관없는데도 너에게 얘기하는 것처럼 들었잖아? 그런데 네가 그 상황이 아니었다면 천우 형 소리를 들었더라도 아무 반응도 보이지 않았을 거야."

"맞아. 그럼 말을 정확히 듣기 위해선 어떻게 해야 하는 거야?"

"말하는 사람의 미묘한 눈짓, 몸짓, 그리고 억양까지 느껴야 하는 거지."

해이는 말이 이렇게 깊고 어려운 것인지 처음 알게 되었습니다. 그냥 생각한 대로 말하고 들으면 되는 줄 알았는데 그게 다가 아닌가 봅니다. 한 사람 속에 다양한 모습이 들어 있듯 말도 다양한 모습을 지니고 있습니다.

"아, 말은 어렵구나."

"하지만 그래서 재미있기도 한걸."

해이와 신조는 고개를 끄덕입니다. 마치 약속이라도 한 듯 동시에 끄덕입니다. 어렵지만 그래서 재미있는 것, 알 수 없지만 그래서 궁금한 것이 말인 것 같습니다.

언어 사용은 규칙에 따른 게임이다—언어 게임

비트겐슈타인이 말하는 언어 게임은 무척 재미있습니다. 그가 예로 든 것은 목수와 조수가 일하는 광경입니다. 그 조수가 매우 숙련된 사람이라면 목수의 손짓이나 표정만 보고도 목수가 무슨 도구를 필요로 하는가를 알게 되어서 일하는 데 불편함 없이 도구들을 건넬 수 있지요. 그러나 조수가 이제 갓 시작한 사람이라면 아마 많이 헤맬 거예요. 어쩌면 일하는 목수를 방해할 수도 있을 테지요. 익숙한 조수와 함께라면 단어 하나만 말해도 곧장 원하는 물건을 건네받을 수 있는데, 이제 갓 들어온 조수라면 아마 설명을 많이 해야 되지 않을까요?

마찬가지로 우리가 부엌에서 반찬 만드시는 어머니를 돕는다고 생각해 봅시다. 예를 들어서 어머니가 콩나물을 무치신다고 가정해 봅시다. 우리는 어머니께서 아무 말씀도 하지 않지만, 콩나물을 무치는 과정을 알고 있으니까 그때그때 알맞은 양념을 건네 드릴 수 있답니다. 이처럼 언어를 사용하는 것도 서로 상황에 맞게 말을 주고받는

것이기 때문에 '언어 놀이'라 할 수 있습니다. 만약 부엌일에 대해서 잘 알지 못하는 사람이 어머니를 도왔다면 어머니는 자신이 필요한 양념들이 필요할 때마다 그것을 달라고 말을 해야 하지 않았을까요? 즉 깨가 필요할 때, "깨" 혹은 "소금"이라고 말하면 옆에 있는 사람이 깨나 소금을 건네주겠지요. 이처럼 언어를 사용하는 것도 규칙에 따른 게임과 같다고 비트겐슈타인은 생각하게 되었습니다.

우선 우리가 알고 있는 게임에 대해서 먼저 생각해 봅시다. 게임은 아무렇게나 하는 것이 아니라 반드시 어떤 게임이든 '규칙'이라는 것이 있지요. 그리고 게임은 이 규칙에 따라 이뤄져야 하고요. 그런데 그 규칙이 곧 게임은 아니랍니다.

다시 말하면 게임은 규칙에 따라 이루어져야 하지만 규칙을 넘어서는 무엇인가를 더 가지고 있는 것이지요. 예를 들면, 축구 경기는 규칙에 따라서 하지만, 그 경기를 어떻게 하느냐에 따라서 재미있는 게임이 되기도 하고 그렇지 않기도 하지요. 규칙을 잘 지킨 축구 게임이라고 해서 재미있는 것은 아니잖아요? 상대의 방어를 뚫고 서로 도와서 그물을 가르는 그 통쾌하고 멋진 '슛'을 규칙만으로는 설명해 낼 수 없지요. 규칙에 따라서 이루어지고 있는 축구 게임이지만 그 게임 안에서는 매우 복잡하고 다양한 게임들이 이루어지는 것이지요. 똑같은 규칙을 가지고 하는 바둑 게임도 실제로는 얼마나 많은 다양한 게임들이 전개될 수 있는데요. 아마 줄바둑에서부터 수십 수를 먼저 생각하는 고수들의 바둑 게임에 이르기까지 말입니다.

  언어 게임도 이와 마찬가지입니다. 각 언어들이 가지는 규칙에 따라서 사람들은 언어를 사용하지만 실제로는 매우 다양한 언어 게임을 하고 있는 셈입니다. 사람들은 아주 간단한 자기 의사 표현부터 시작해서, 아프거나 놀랄 때 내는 언어(감정 표현)에서부터 매우 어려운 이론을 말하는 언어(사상 표현)에 이르기까지 매우 복잡하게 얽혀 있는 언어 게임 속에서 살고 있지요. 그런데 아무리 복잡한 바둑 게임이라 해도 그 게임을 구성하는 기본은 아주 간단한 규칙들에서 시작한다는 것이죠. 이렇게 보면 매우 복잡하고 어려운 언어 게임도 아주 간단한 기호들을 사용함으로써 시작한다는 것을 알 수 있어요. 즉 사람들에 의해서 사용되는 수많은 언어 게임들은—이 세상에 수많은 민족들이 살고 있고 실제로 사용되고 있는 언어만도 오천 가지가 넘는다고 하지요. 그리고 수십억의 사람들이 서로 자기 나름대로의 언어를 사용한다고 생각해 보세요. 엄청 많은 언어 게임이 가능하게 되지요—서로의 공통성을 갖고 있어요. 비트겐슈타인은 이것을 언어들이 가족 구성원에서 보여지는 '유사성'을 갖고 있다고 했어요. 한 가족은 비슷한 점이 많이 있지요. 그것처럼 각 언어들도 서로 유사점을 가지고 있다는 거죠(언어의 가족 유사성).

그런데 가족들이 유사성을 가지고 있지만 동시에 서로 구별되는 차이를 가지고 있는 것처럼 언어 게임도 서로의 차이에 의해서 구별되는 거예요. 그래서 비트겐슈타인은 언어 게임의 유사점과 차이점을 서로 잘 구별해서 명확한 언어 게임을 하자는 거예요. 이것을 '언어 분석'이라고 하지요. 결국 언어를 옳게 사용하고 있는가 하는 언어 사용에 대한 분석을 통해서 철학적인 문제를 해결하자고 한 것입니다.

내 마음의 보석 상자

 나의 언어의 한계는 나의 세계의 한계를 의미한다.

—비트겐슈타인

1 지금 돌아왔어

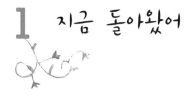

　집 앞입니다. 해이는 심호흡을 합니다. 한나절 짧은 시간이었지만 그래도 명색이 가출이었는데 아무 일도 없었다는 듯 집에 들어가기가 쉽지 않습니다. 뭐 식구들이야 모르겠지만요. 그래도 천우와 신조를 만나 다행입니다. 신조가 힘내라고 웃어 줍니다. 용기가 납니다.

　대문을 열고 들어서자 열 개의 눈동자가 일제히 해이를 바라봅니다. 식구들 모두가 마당에서 잡초를 뽑고 있습니다. 바구니는 어느새 한가득 채워져 있습니다. 해이는 자신의 눈을 의심합니다.

"오빠! 해이 오빠!"

제일 먼저 동생 해라가 달려옵니다. 달려와선 해이를 꼭 안습니다.

'그래! 해라야, 이 오빠가 왔다!'

"해이야, 아빠가 해이 사랑하는 거 알지?"

아빠도 달려옵니다. 어느덧 눈가에 눈물이 글썽거립니다.

'아빠! 제발 울진 마! 나이를 생각 해! 친구도 있는데 창피하다고!'

"뭐야, 벌써 들어온 거야? 쳇, 재미없어."

'재미로 가출한 줄 아나!'

해류는 해이를 지나 천우에게 갑니다. 어제 만난 친구를 보는 듯합니다. 천우도 학교에서 늘 보는 친구를 대하듯 해류랑 이야기를 합니다. 정말이지 알 수 없는 두 생물체입니다.

"해이 왔으니 난 들어간다."

해신은 손을 툭툭 털곤 일어납니다. 힘차게 기지개까지 폅니다.

'그래도 잡초는 마저 뽑고 들어가라고!'

"자자, 모두 들어가자. 천우랑 신조지? 어서 와."

엄마는 반갑게 두 팔을 벌려 천우와 신조를 안습니다.

'나도 왔다고요!'

모든 게 그대로입니다. 변한 것은 하나도 없습니다. 그래도 해이는 왠지 눈물이 날 것 같습니다. 하나도 변하지 않은 식구들이 너무 반갑습니다. 고작 한나절 못 봤을 뿐인데 십 년은 못 본 듯 정이 새록새록 피어납니다.

모두들 집 안으로 들어갑니다. 해이도 따라 들어갑니다. 역시 식구들은 해이를 걱정해 준 게 틀림없습니다. 아닌 척해도 해이가 가출한 걸 모두 알고 있었던 겁니다.

'아, 이렇게 소중한 식구들이었는데, 그런 소중함도 모르고 나가 버렸다니.'

해이는 가슴이 벅차오릅니다. 사악 대마왕 해류까지도 너무너무 좋습니다. 해이는 두 팔을 벌려 식구들을 향해 뛰어갑니다.

"나 지금 돌아왔어!"

집으로 들어가던 식구들이 갑자기 걸음을 멈추더니 일제히 뛰어오는 해이를 바라봅니다.

'그래, 안다고! 모두 나를 기다렸던 거지? 사랑의 말을 한마디씩 하고 싶은 거지? 자, 말들 하라고! 말은 하라고 있는 거라고!'

냉정 대마왕 해신: …….

사악 대마왕 해류: 땅꼬마, 넌 왜 들어와? 잡초 안 뽑아?

아방 소녀 해라: 해이 오빠, 잡초 뽑기 싫어서 집 나간 거 사실이야?

샤방 아빠: 해이야, 아빤 너 이렇게 안 키웠다.

마녀 엄마: 지금까지 어딜 싸돌아다니다가 이제 와? 조그만 놈이 벌써 반항이야? 한 바구니 더 채워!

"쿠쿠쿠쿵!"

거대한 성문이 닫히듯 해이의 코앞에서 문이 닫힙니다. 역시 변한 것은 아무것도 없습니다. 사실과 말은 반드시 일치하는 것이 아니라고 하지만 때론 무섭게 일치하기도 하는 거라고 생각하는 해이입니다.

2 겉과 속이 달라도

해이는 며칠이 걸리든 잡초를 한 바구니 더 채운다는 맹세를 하고서야 겨우 저녁 식탁에 앉습니다. 어두워 보이지도 않는데 쭈그리고 앉아 잡초를 뽑느라고 허리며 어깨, 안 아픈 데가 없습니다.

저녁 식탁은 떠들썩합니다. 천우와 신조는 한 식구처럼 어울리고 있습니다. 좋아 하는 사람들이 모여 밥 한 끼 달게 먹는 것처럼 흐뭇하고 정겨운 모습도 없습니다.

천우는 해류와 같은 방을 쓰고 신조는 해이와 같은 방을 씁니다.

폭신폭신한 이불 속에 들어가 있으려니 오늘 하루 일이 꿈만 같습니다. 피곤하지만 신조와 할 말이 아직 많습니다.

"모두 좋은 사람들이야."

"우리 식구? 얼마나 엉뚱하고 제멋대로인데."

"보니까 알겠어. 해이가 환한 이유를."

"환해? 내가? 저 대마왕들 틈에서 얼마나 찌그려 사는데."

신조는 웃기만 합니다. 해이는 신조가 몰라서 그러는 거라고 며칠만 지내보면 알 거라고 특히 사악 대마왕 해류는 겪어 보기 전엔 절대 모른다고 생각합니다. 하긴 천우도 만만치 않지만요.

"사실은 알고 있었어. 너희 식구에 대해."

"엉?"

"천우 형이랑 해류 형이랑 메일 주고받은 걸 내가 몰래 봤거든. 되게 재밌다. 해류 형은 해이랑 해라라는 동생이 있는데 너무 예뻐서 만날 괴롭힌다고 했어."

"예뻐서 괴롭히다니? 그런 억지가 어디 있어?"

"하지만 알 것 같은걸. 나도 해이 같은 동생이 있었으면 엄청 괴롭혀 줬을 것 같아. 너무 예뻐서 말이야."

신조는 씩 웃습니다. 그 웃는 모습이 천우 같기도 하고 해류 같기도 해서 순간 해이는 오싹해짐을 느낍니다. 조심해야 합니다. 왜 다들 자기만 보면 밥으로 여기는지 해이는 도무지 알 수 없습니다.

"나랑 동갑인 동생이 있는데 이름이 해이라고 천우 형이 알려 줬어. 그래서 어떤 아이일까 늘 궁금했지. 해류 형은 사진으로 봐서 알고 있었는데 공항에서 널 처음 봤을 때 굉장히 닮았다고 생각했거든. 그래서 계속 보고 있었는데……."

해이는 그제야 천우와 신조가 자신을 때 맞춰 도와줄 수 있었던 이유를 압니다. 그래도 이 형제한테까지 괴롭힘을 당하게 되는 건 싫습니다.

신조는 여전히 싱글싱글 웃고 있습니다. 이럴 때 보면 어려운 철학 공부를 하는 천재가 아니라 천진난만한 어린애 같습니다.

"천우 형이랑 해류 형은 어떻게 친구가 된 걸까?"

"나도 그게 궁금해서 천우 형한테 물어보긴 했는데 그냥 웃기만 하던걸."

"분명히 우리가 모르는 엄청난 일이 있었을 거야. 차마 말 못할 비밀 같은 건 아닐까? 그렇지 않고서야 왜 말을 안 해 줘?"

"네가 너무 궁금해 하니까 놀리려고 그냥 재미로 말을 안 해 주

는 건지도 모르지. 천우 형은 엉뚱한 데가 있으니까."

"그건 해류 형도 마찬가지야. 난 천우 형 같은 친구가 있는 줄도 몰랐다니까. 게다가 둘 다 만만치 않잖아."

해이와 신조는 키득키득 웃습니다. 동생들만의 동질감을 느낍니다.

"신조야, 그런데 왜 비트겐슈타인을 공부한 거야?"

"사실, 나 어렸을 때 언어 장애가 있었어."

"뭐? 거짓말!"

"엄마는 늘 바쁘고, 아빠랑 형은 자주 볼 수 없고, 애들은 피부색이 다르다고 잘 안 놀아 줘서 점점 말을 못하게 되었거든. 천우 형이 아니었다면 아마 자폐증을 갖게 됐을지도 몰라."

"……."

"그래도 지금은 괜찮아. 하고 싶은 공부도 있고 무엇보다 친구가 생겼는걸."

해이는 가슴이 찡해집니다. 자신을 친구로 여겨 주는 신조가 고맙습니다.

아빠는 친구와 술은 오래될수록 좋은 것이라고 했지만 친구가 되는 데는 꼭 긴 시간이 필요한 것은 아닙니다. 마음만 열어 놓는다면 하루 만에도 친구가 될 수 있습니다.

겉으로 보이는 것과 속에 감추어진 것이 다르다고 해도 괜찮습니다. 누구에게나 한 가지쯤 아픔은 있으니까요. 그 아픔을 드러내 놓고 말하는 순간 이미 치유는 시작됩니다. 말은 세상의 진리를 드러내기도 하지만 아픔을 어루만져 주는 힘도 있으니까요.

3 꿈은 이루어진다

2주라는 시간이 후딱딱 지나 천우와 신조가 돌아가는 날이 왔습니다. 해이는 너무 섭섭해서 눈물이 납니다. 다음 방학 때 또다시 오기로 했지만 그래도 해이는 신조와 떨어지는 게 너무 아쉽습니다. 천우와 해이가 공항까지 배웅합니다.

그동안 해이는 천우에게 비트겐슈타인 특강을 들었습니다. 해이는 생각하는 것을 말로 옮기는 것이 서툽니다. 신조는 말을 잘하려고 하지 말고 생각하는 것을 정확히 표현하는 것부터 해 보라고

합니다. 중요한 건 있는 그대로를 꾸미지 말고 진심을 전달하는 것이지 멋지게 말하는 것은 아니라면서 말이죠.

"비트겐슈타인은 언어를 이해한다는 것은 언어의 사용을 이해하는 것이라고 했어. 언어는 삶의 흐름 속에서만 뜻을 갖기 때문에 생생하게 살아 있는 언어를 쓰고 이해하는 일이 중요하다고 했지."

"말이 얼마나 중요한지 이제 잘 아는걸."

해이는 2주일 전 혼자 공항에 왔을 때랑은 많은 것이 변했다는 생각을 합니다. 버스 정류장에서 동네 이름을 소리 내어 읽는 것으로 시작한 말에 대한 생각이 해이를 여기까지 데려왔습니다.

그때는 여기가 세상의 끝이었는데 지금은 세상의 시작처럼 여겨집니다. 많은 사람들이 만나고 헤어지고 다시 만나는 곳입니다. 시작이 있으면 끝도 있지만 끝은 다시 시작으로 연결되고 새로운 출발점을 만듭니다. 끝났다 싶은 순간이 바로 새로운 시작입니다.

떠나기 직전에 신조는 해이에게 조용히 속삭입니다.

"세상은 신비하고 놀라운 것으로 가득 차 있어. 언어도 마찬가지야. 다양할 뿐만 아니라 사용되는 상황에 따라 뜻도 달라. 한 사람 안에 여러 모습이 있듯 한마디 말에 얼마나 많은 뜻이 있는지 놀랄 정도야. 그래서 비트겐슈타인도 철학은 언어가 어떻게 사용되는가를 있는 그대로 밝히고 언어는 철학에서 가장 중요한 것으로 연구돼야 한다고 했지."

"신조가 앞으로 공부할 것도 그런 거야?"

"응. 공부하면 알게 되고, 알면 재미있고, 재미있으면 더 공부하고 싶어지니까. 나는 앞으로도 계속 공부할 거야. 공부가 좋고 나를 즐겁게 해 주니까."

신조의 얼굴이 빛나 보입니다. 꿈을 갖고 있는 사람의 얼굴은 이렇게 밝은 것이라고 해이는 생각합니다.

'내 꿈은 뭐지?'

한때는 오랫동안 아무 탈 없이 사는 것이 해이의 꿈이었습니다. 하지만 이제는 다른 꿈을 갖고 싶습니다. 자신이 정말 하고 싶은 일을 찾아서 하고 싶습니다. 자신이 원하는 일을 재미있고 즐겁게 하면서 그 일을 진정 사랑하고 싶습니다.

해이는 아직은 그것이 무엇인지 몰라도 언젠가는 자신만의 꿈을 꼭 찾을 수 있을 것이라고 믿습니다. 꿈꾸는 자만이 꿈을 이룰 수 있으니까요. 꿈은 영원히 사라지지 않는, 영원히 빛나는 마음속의 보석 상자이니까요.

다양한 세상, 다양한 사람, 다양한 말 속에 해이는 가만히 귀 기울이며 서 있습니다. 말을 따라가 보니 생각이 있고 생각을 따라가 보니 거기에 생각하는 자신이 있습니다. 결국 말을 이해한다는 것은 사람을 이해한다는 것입니다. 누군가의 말을 이해하면 그 사람을 이해할 수 있습니다.

"땅꼬마, 바보같이 거기 서서 뭐하냐?"

아아, 하지만 정말 이 인간의 말만큼은 이해하기가 하늘만큼 땅만큼 어렵다고 해류에게 질질 끌려가며 생각하는 해이입니다. 천우와 신조를 태운 비행기가 하늘 멀리 날아갑니다.

언어 분석은 언어 게임을 요리하는
또 하나의 언어 게임

　비트겐슈타인은 자신의 철학을 통해서 사람들이 일반적으로 생각하고 있는 방식을 바꾸도록 했습니다. 당시 사람들은 과학의 방법을 최고로 생각해서 모든 철학적 문제도(철학 문제는 언어로 표현될 수밖에 없지 않겠어요?) 과학적 방식으로 묻고 답하는 방식으로 해결하려고 했지요.

　비트겐슈타인은 이러한 방법은 다양한 언어 게임을 한 가지 방식으로만 설명하기 때문에 우리의 생각을 선입견에 빠지게 한다고 봤습니다. 그래서 이러한 생각의 선입견으로부터 벗어나자고 했지요. 이를 위해서 우리가 사용하고 있는 언어를 분석해야 하고요. 다시 말해 철학은 언어 게임을 요리하는 또 하나의 게임인 셈이죠.

　조금 어려운 내용이죠? 더 쉬운 언어 게임을 해 봅시다.

　자, 다음과 같은 '지금'이라는 글자를 보세요.

지금

우리는 지금이라는 말을 어느 시점을 가리킨다고 생각하면서 보통 사용하는 경향이 있습니다. 그래서 '지금이 무엇이냐?' 와 같은 우리를 당혹하게 하는 질문을 하게 됩니다. 그것은 시간의 한순간을 가리키지만 그렇다고 해서 어떤 뚜렷한 순간, 예를 들면, 지금 내가 '글을 쓰는 순간' 혹은 '생선을 굽는 순간' 이라는 말로 대신할 수 없습니다.

　다만 '지금' 이라는 언어를 사용할 때 실제로 이 언어가 그 언어 게임에서 어떤 역할을 하느냐를 봐야 지금이라는 말을 이해할 수 있습니다. 그렇지 않고 우리가 '지금' 이라는 말을 따로 떼어 내서 설명하려고 하면 잘 알 수 없는 말들을 하게 되는 혼란 속에 빠지게 됩니다.

　또 한 가지 언어 게임을 해 봅시다. 자, 오리와 비슷한 토끼 아니면, 토끼와 비슷한 오리를 그려 봅시다. 그러면 이 그림을 보는 사람은 '오리야. 아니, 토끼 같은데?' 혹은 서로 오리가 맞다느니 혹은 토끼가 맞다느니 하는 애매한 그림이 될 수 있습니다. 비트겐슈타인이 예로 든 '오리―토끼 그림' 은 오리 혹은 토끼에 대해서 어떻게 알고 있는가에 따라서 서로 다른 말을 하게 된다는 것입니다.

　토끼를 알지 못하고 오리만 보고 자란 사람은 이 그림에 대해서 오리라고 말할 거예요. 그에게는 전혀 애매한 그림이 아니죠. 마찬가지로 오리를 전혀 보지 않고 토끼만 경험한 사람은 토끼라고 할 거예

요. 즉 사람이 아는 것 혹은 언어를 사용하는 것은 그전에 무엇을 경험했느냐에 따라 달라진다는 것이죠.

비트겐슈타인에 따르면 사람들은 무엇을 보거나 생각할 때 자신들이 이미 경험한 것을 바탕으로 한 어떤 성향에 따라서 생각하게 된다는 거예요. 어떤 대상에 대해서 우리가 보고 싶은 대로 보려는 유혹을 받는다는 거지요. 그래서 자신들이 아는 언어만을 계속 사용하게 되는 것이지요.

특히 사람들이 언어를 사용할 때, 서로 다른 사람들이 언어를 사용하고 있다는 사실을 잊어버리고 자신이 생각하고 사용하는 언어에 따라서만 언어 게임을 하려는 경우가 생기게 됩니다. 이것은 사물이나 생각을 자신의 특정한 모습으로만 보려는 '한정되고 닫힌 언어 게임'인 셈이에요. 이렇게 닫힌 태도로 언어 게임을 하게 되면 언어가 가진 무수히 많은 면을 보지 못할 뿐만 아니라 잘못된 혼란 속으로 빠지게 되는 것이지요. 그래서 언어 게임에서는 모든 언어들이 가질 수 있는 다양한 방식을 이해해서 참된 언어 이해로 나아가야 하는 것이지요. 즉 참된 언어 게임은 어느 특정한 것들이 일방적으로 보여지는 모습을 바꾸어 보도록 하는 거랍니다(관점의 변화).

비트겐슈타인은 사물들이나 언어들을 보는 사람 자신이 원하는 모습으로 보려고 하지 말고 있는 그대로 보려고 해야 한다고 말합니다.

물론 잘 연주된 음악이나 잘 부르는 휘파람 소리를 들으면 그렇지 않은 경우보다 더 감명받을 수 있습니다. 그리고 똑같은 시 내용도 낭송하는 사람의 능력과 듣는 사람의 기호에 따라서 반응을 다르게 보일 수도 있습니다. 그렇다고 해서 그 음악이나 소리만으로 감상이 결정되는 것은 아닙니다. 그 주위의 분위기나 듣는 사람의 감정 등이 크게 작용할 것입니다. 그러므로 특정하게 보게 하는 어떤 방식을 버리고 있는 그대로 보려고 해야 합니다. 다른 말로 하면 무엇을 보려고 할 때 그곳에 무엇이 관련되어 있는가를 알아야 하는 것입니다. 이것은 언어 게임에서도 마찬가지로 요구되는 사항입니다.

똑같은 음악도 음악을 이해하는 사람과 이해하지 못하는 사람이 다르게 듣는 것처럼, 똑같은 말도 그 말을 이해하는 사람과 그렇지 못한 사람에 따라 차이가 납니다. 그래서 언어 게임에서는 있는 그대로의 언어를 보아야 합니다.

똑같은 그림이 어떤 때는 오리로, 어떤 때는 토끼로 보이거나 똑같은 그림이나 시, 음악, 언어가 지금은 이상하고 낯설며 소음처럼 느껴지더라도 만약 그들이 이해한다면 감동적이고 멋있게 보여질 것입니다.

이를 위해서 철학은 언어를 있는 그대로 이해하려고 해야 합니다. 비트겐슈타인은 언어의 참된 이해는 그것을 사용할 준비가 되어 있

을 때 가능하다고 합니다. 왜냐하면 언어는 살아 있는 사람들의 생활 속에서 표현되기 때문에 그 언어를 사용하는 삶의 흐름 속에서만 언어는 있는 그대로 이해될 수 있습니다.

외전 - 하늘이 바다를 만났을 때

천우, 해류를 만나다

천우는 오늘 집에 들어가기가 싫습니다. 엄마 아빠가 헤어지는 날이기 때문입니다. 5년 동안 살던 영국에서는 물론 한국에 와서도 엄마와 아빠는 하루라도 싸우지 않고 지나가는 날이 없습니다.

이제 1학년인 동생 신조는 언어장애까지 보입니다. 아무하고도 말을 하려고 하지 않고 방 안에만 틀어박혀 있습니다. 천우는 전학 온 지 일주일이나 되었지만 친구도 사귀지 않고 집으로 곧장 갑니다. 신조가 하루 종일 천우만 기다리기 때문입니다. 전학 온 첫날 환영회를 해 준다는 친구들과 어울렸다가 늦게 집에 간 천우는 울다 지쳐 현관 앞에서 잠든 신조를 보고 다시는 신조를 혼자 두지 않겠다고 결심했습니다. 신조는 하루 종일 굶은 것처럼 보였고 거실엔 내용물까지 토해 놓았습니다.

한국에 왔지만 재미있는 일이라곤 하나 없습니다. 친구들은 외국에서 살다가 왔다고 하니까 호기심에 접근할 뿐 진심이 느껴지는 친구는 없습니다. 하지만 신경 쓰지 않습니다. 어차피 방학을 하면 다시 영국으로 가게 되니까요. 아빠도 엄마도 천우도 신조도 영국에 함께 가지만 더 이상 가족이 아닙니다. 천우는 아빠가, 신조는 엄마가 맡기로 했다고 합니다. 자신이 원한 것도 아닌데 모든 걸 마음대로 결정해 버린 엄마 아빠가 밉습니다.

마음속에서 뜨거운 것이 울컥 치밉니다. 되는 대로 거리를 쏘다닙니다. 머리는 신조가 있는 집으로 어서 빨리 가야 한다고 알고 있는데 마음이 멋대로 발을 움직입니다. 정신을 차리니 어느 집 담장 밑입니다. 안을 들여다보니 거대한 바구니가 보입니다. 어디선가 '샤바샤바 아이샤바' 하는 괴상한 노래가 흘러나옵니다. 한 소년이 열심히 잡초를 뽑고 있습니다. 눈이 마주칩니다. 소년이 잡초를 뽑다 말고 벌떡 일어나더니 천우에게 천천히 다가옵니다.

소년: 넌 어느 별에서 왔냐?
천우: 몰라.
소년: 좋은 말할 때 불어라.
천우: 내가 말 안 해도 우리 별은 우리 별이겠지?
소년: 지금 쇼 하냐?

천우: 우리 별에 놀러 올 거냐?

소년: 귀찮아.

천우: 그럼 말 안 해도 우리 별이 우리 별인 건 변함없겠지?

소년: 시끄러.

천우: 너네 별에 놀러 갈까?

소년: 맘대로 해.

천우: 너네 별에 놀러 가도 우리 별은 우리 별 그대로겠지?

소년: 빨리 안 와! 이 자식아!

천우는 훌쩍 담장을 넘습니다. 소년과 나란히 앉아 잡초를 뽑습니다. 마음이 편해집니다. 말도 안 되는 말을 주고받았는데 친구처럼 편하게 느껴집니다. 소년은 아무 말도 하지 않고 잡초만 뽑습니다. 때론 침묵이 말보다 더 많은 것을 말해 줍니다. 소년은 천우의 마음을 다 안다는 듯 누구냐고도 뭐하냐고도 묻지 않습니다.

어린아이 하나가 집에서 나옵니다. 신조 또래의 아이입니다. 소년과 똑같이 닮은, 작은 아이입니다. 소년을 발견하곤 소년에게 달려옵니다. 두 팔을 활짝 벌리고 웃으며 달려오다가 바구니에 부딪혀 넘어집니다. 순식간에 바구니에 담겨 있던 잡초들이 사방팔방 흩어집니다. 소년은 잠시 멍하게 넘어진 바구니와 아이를 번갈아 쳐다봅니다. 그래도 아이는 뭐가 좋은지 소년을 보고 활짝 웃습니다. 소년은 벌떡 일어나 아이를 질질 끌고 들어갑니다.

 집으로 들어간 소년은 한참을 지나도 나오지 않습니다. 천우는 흩어진 잡초를 바구니에 다 담아 줍니다. 왔던 그대로 훌쩍 담을 넘어 나오다 뒤를 돌아봅니다. 소년의 이름이 궁금한 나머지 내일 또 와야겠다고 생각합니다.

 "샤바샤바 아이샤바."

 노랫소리가 끊이지 않고 점점 높아만 갑니다.

통합형 논술
활용노트

01 악마 같은 형 해류를 참지 못하고 집을 뛰쳐나온 해이는 무작정 버스를 타고 가다가 낯선 동네 이름을 읽어 봅니다. 그리고 세상 모든 사물과 이름의 관계를 생각하게 됩니다. 여러분은 사물과 그 사물의 이름이 어떤 관계라고 생각하나요? 생각나는 대로 적어 보세요.

02 비트겐슈타인은 우리가 세상을 알려면 먼저 언어가 무엇인지 알아야 한다고 이야기했습니다. 그렇다면 비트겐슈타인이 말한 언어를 이루는 기본은 무엇인가요? 비트겐슈타인의 이야기를 참고하여 적어 보세요.

03 비트겐슈타인은 사람은 다양한 현실 속에 살고 있기 때문에 다양한 언어를 쓰며 상황에 따라 그 뜻은 달라진다고 하였습니다. 그렇다면 말을 정확히 듣기 위해서는 어떻게 해야 할까요? 생각나는 대로 적어 보세요.

04 비트겐슈타인이 언어를 중요시 한 것은 무엇 때문이었나요? 책을
읽으면서 느꼈던 것을 모두 적어 보세요.

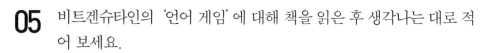

05 비트겐슈타인의 '언어 게임'에 대해 책을 읽은 후 생각나는 대로 적어 보세요.

통합형 논술
문제풀이

01 비트겐슈타인은 세상은 사실들로 이루어져 있고, 언어는 그 사실을 표현하는 것이라고 생각했습니다. 사실이란 사물들이 서로 관계를 맺고 있는 것으로 세상은 이러한 사실들로 이루어져 있고 이러한 사실들을 언어로 표현하면 그것이 바로 세상이 된다는 것입니다.

비트겐슈타인은 언어를 통해서 세계를 설명할 수 있다고 이야기하였습니다. 결국 우리가 아는 언어는 우리가 알 수 있는 세계를 보여 주는 것이 되는 것이죠. 따라서 우리가 언어를 통해서 알 수 없는 세계는 보여 줄 수 없는 세계가 되는 것입니다. 언어가 가지는 한계는 곧 세계가 갖는 한계가 되기도 합니다. 언어의 기능은 보여 줄 수 있는 세계를 정확히 보여 주는 것이며 비트겐슈타인은 이것을 언어의 '그림 이론'이라고 하였습니다.

신조가 말한 것처럼 여러분의 이름이 바뀐다고 해서 여러분이 다른 사람이 되는 것이 아니듯이 비트겐슈타인도 세상에는 많은 언어와 사물들이 있으며 사람들은 자신이 알고 있는 언어로 세상의 사물들을 그리는 것이라고 본 것입니다.

02 비트겐슈타인은 언어를 이루는 기본을 단순명제라고 이야기하였습니다. 언어는 사람의 생각이나 사실을 표현하는 것이므로 가장 간단한 생각을 표현하는 것부터 시작하는 것입니다.

명제란 '어떤 것을 주장하는 내용이 담긴 문장'이며, '날씨가 맑다'라는 문장은 사실을 설명하는 단순한 명제이므로 단순명제라고 할 수 있습니다. 이런 생각을 바탕으로 비트겐슈타인은 세상은 가장 단순한 명제들로 설명할 수 있다고 보았습니다.

즉, 세상은 사실(사물)로 이루어져 있으므로 사실을 언어로 표현하면 세상이 된다는 것입니다.

여러분이 어떤 사물과 관계를 맺는다면 여러분이 있는 것도 사실이고 사물이 있는 것도 사실이므로 세상은 사실들로 이루어져 있는 것이며, 사실이란 사물들이 어떤 관계를 맺는 거니까 이 관계들을 언어로 표현하면 세상을 알 수 있다는 것이 비트겐슈타인의 생각입니다.

문제풀이

03 이 세상에는 수많은 민족들이 살고 있고 실제로 사용되고 있는 언어만도 오천 가지가 넘습니다. 그렇게 다양한 현실 속에 살고 있기 때문에 다양한 언어를 사용하며 상황에 따라 그 뜻도 달라집니다. 따라서 상대의 말을 정확히 듣기 위해서는 말하는 사람의 미묘한 눈짓, 몸짓, 그리고 억양까지 느껴야 합니다. 한 사람 속에 다양한 모습이 숨어 있듯이 똑같은 언어에도 많은 의미와 다양한 해석이 숨어 있기 때문입니다.

함으로써 '더러워진 방을 깨끗이 정돈하는 일', 즉 잘못 사용된 언어를 바르게 사용하도록 하는 사소한 일을 발견하는 것이라고 말합니다. 결론적으로 비트겐슈타인의 철학하는 일은 사람들의 생각을 분명하고 확실하게 하는 방법을 찾는 일이 되었으며 그에 의해서 철학은 사람들의 생각을 분명하게 하는 활동으로 이해되었습니다. 그리고 생각을 분명하게 하기 위해서 비트겐슈타인은 '언어 게임'이라는 기술을 발명하게 된 것입니다.

04 비트겐슈타인은 우리가 살고 있는 세계 안에서 언어가 잘못 사용됨으로써 많은 문제가 생긴다고 생각했습니다. 사람들이 서로 옳다고 다투는 경우를 보면 언어를 서로 잘못 사용하고 이해한 데서 오는 경우가 많습니다. 그래서 철학의 수수께끼도 문법을 잘못 사용하거나 사용하는 언어를 잘못 이해한 결과라고 생각하게 됩니다. 그래서 이제 철학이 해야 할 중요한 일은 새로운 어떤 사실을 찾아내는 것이 아니라 그저 언어를 잘못 사용

05 비트겐슈타인은 언어를 사용하는 것은 서로 상황에 맞게 말을 주고받는 것이기 때문에 '언어 놀이'라 할 수 있다고 하였습니다. 이에 따르면 각 나라의 다양한 사람들은 각각의 언어들이 가지는 규칙에 따라서 언어를 사용하지만 실제로는 매우 다양한 언어 게임을 하고 있는 셈입니다. 사람들은 아주 간단한 자기 의사 표현부터 시작해서, 매우 복잡한 이야기들까지 얽혀 있는 언어 게임 속에서 살고 있습니다. 그런데 아무리 복잡한 게임

이라 해도 그 게임을 구성하는 기본은 아주 간단한 규칙들에서 시작합니다. 이를 통해 매우 복잡하고 어려운 언어 게임도 아주 간단한 기호들을 사용함으로써 시작한다는 것을 알 수 있습니다. 즉 사람들에 의해서 사용되는 수많은 언어 게임들은 서로 공통점을 갖고 있습니다. 비트겐슈타인은 이것을 언어들이 가족 구성원에서 보여지는 '유사성'을 갖고 있다고 설명했습니다. 한 가족은 비슷한 점이 많이 있는 것처럼 각 언어들도 서로 유사점을 가지고 있다는 것입니다.

그런데 가족들이 유사성을 갖고는 있지만 동시에 서로 구별되는 차이를 갖고 있는 것처럼 언어 게임 역시 서로의 차이에 의해서 구별이 됩니다. 그래서 비트겐슈타인은 언어 게임의 유사점과 차이점을 서로 잘 구별하여서 명확한 언어 게임을 하자고 하였으며 이것을 '언어 분석'이라고 하였습니다. 결국 언어를 올바르게 사용하고 있는가 하는 언어 사용 분석을 통해서 철학적 문제를 해결하자고 한 것입니다.